［評伝］三宅雪嶺の思想像

Yasuo Morita
森田康夫

和泉選書

三宅雪嶺肖像

（所蔵：三宅立雄氏
協力：流通経済大学三宅雪嶺記念資料館）

目次

はじめに　1
1、維新の変革と第三の道　3
2、国民主導の政教社　11
3、相対主義的文明観としての国粋保存主義　16
4、政治を正す第三極　22
5、雪嶺思想の原点――大塩陽明学――　33
6、雪嶺哲学の構想　43
7、雪嶺哲学とヘーゲル哲学体系　53
8、哲学体系をめぐる人間観の相克　67
9、『同時代史』の理念　86

10、雪嶺の英雄論と西郷隆盛 106
11、雪嶺の東アジア観 118
12、三代の言論を支えた公正無私の立場 133
13、人は禀性と境遇に生きる 140
14、一五年戦争と『人生八面観』 151
おわりに——雪嶺哲学とはなにか—— 158

*

略年譜 165
研究文献 170
雪嶺自著 172
あとがき 173
索引 180

はじめに

三宅雪嶺（万延元年〜昭和二〇年〈一八六〇〜一九四五〉）は草創期の東京大学で、将来にわたり役立ち物事の根底を規定する学として、哲学を修得した思索の人で、それ以来、雪嶺の文業から哲人と云われてきた。しかし彼の思想を規定する基軸概念がどのようにして構築されてきたかなどについて、これまで必ずしも明確に把握されていないのが雪嶺研究の現状である。

例えば「時論壇上の巨人」「哲人としての雪嶺先生」として尊敬の念をこめてその業績を評論する柳田泉は、雪嶺の宇宙哲学を陽明学的良知の生み出したものとしている（柳田泉『哲人三宅雪嶺先生』実業之世界社、一九五六）。また自由民権運動研究の盛んな戦後歴史学のなかで論じられた雪嶺像は、日本主義と云うイデオロギーのなかに封じ込める傾向があった（岩井忠熊『明治国家主義思想史研究』青木書店、一九七二）。それでも、

彼の哲学は真善美という絶対価値を認める理想主義の色彩が強い。これはいわばスペンサーの不可知の世界の彼方に「渾一観」という理想の世界を認めたものであった。

かように雪嶺は東西のいずれにも偏らないユニークな思想を形成している。雪嶺の哲学を評して「東洋に西洋を取り入れた意味での東洋哲学である。さういふ点で従来のいわゆる東洋哲学と同じではない。むしろ東洋を心《しん》に、西洋を入れた一種の世界哲学だと言ってよい。……」（『同時代史』解説）（引用者註、解説は柳田泉）

（大久保利謙「三宅雪嶺」向坂逸郎編『近代日本の思想家』和光社、一九五四、102〜103頁）

と新境地を開拓する日本的哲学とするなかで、スペンサー思想の大きな影響とする見解もあった。このように雪嶺思想の解釈をめぐって、彼が東洋思想を軸に西洋思想を統合しようとするなかで、いかなる東洋思想を軸としいかなる西洋哲学を媒介にしたかについても、必ずしも十分な解明がなされていないのが研究実態である。

一体それは何故なのか。その原因は彼の壮大な宇宙哲学で述べられた言説を西洋哲学の影響と見たり、陽明学の影響としながらも、さらなる雪嶺思想の形成過程にまで遡求されなかったところに大きな理由があった。

1、維新の変革と第三の道

三宅雄二郎（雪嶺）は万延元年（一八六〇）五月一九日、越前加賀の国（現在の石川県）、前田侯の城下である金沢新竪町において、父立軒、母瀧井の三男として生まれた。雪嶺の号は云うまでもなく加賀の名山・白山の純白を心としたものであろう。父は二〇代の始めに江戸に出て医を多紀茝庭に、また漢学を古賀侗庵に学んだ。かつて祖父が京都で頼山陽に学んだところから父は同門の頼三樹三郎をよき友とした。藩医を務めるかたわら詩文をよくした儒医で、幕末の政争では幕府批判の勤皇思想を支持した。一方母方の伯父は文政年間、長崎に出て蘭学を学び佐久間象山にそれを教えた黒川良安で、こちらは開国論を採り佐幕派を支持した。このように雪嶺は生まれながらにして西洋思想と東洋思想がせめぎあう学問状況のなかで成長し、それらを自らの思想的基盤として自覚的に思想の世界に踏み入ろうとした。

雪嶺は六歳で河波有道の私塾で四書五経などを学び、さらに村田蔵六（大村益次郎）の門にも入った。一一歳で兄に続いて藩のフランス語学校に学ぶが、伯父黒川良安の助言で英語を主とした中学東校に転じた。やがて廃藩置県により中学東校は県立英学校になり、翌明治五年（一八七二）の学制改革では官立校となった。

明治八年に全国八大学区制が七大学区制に変更され、その結果、石川県と愛知県の学区が統合されたので、名古屋の愛知英語学校に移籍することになった（一五歳）。この間、さらに政府の方針で地方の英語学校生は東京の開成学校または工部大学に集められることになった。そこで明治九年に上京して開成学校の予備門に入学した。翌明治一〇年から開成学校は東京大学と改称された。この時、予備門では外山正一が英語を、山川健次郎が物理学を、矢田部良吉が生物学を、菊池大麓が数学を教え、いずれも英語での授業が行なわれた。ところが雪嶺は毎日の課業には関心を欠きもっぱら図書館で読書する方が面白く、とりわけ「西郷の薩摩戦争」では新聞という新しいメディアに興味を覚えて学業を疎かにしてしまった。

そのため明治一一年に予備門の試験規則が変更されたのに気づかず、落第することになった。この時、雪嶺は学則の遡及は誤まった法の適用であるとして、予備門長服部一三と争ったが、学校の措置に納得が出来ないのでいったん退学して郷里石川に帰ることにした（一八歳）。この間も雪嶺は、西郷の足跡をしのび図書館で兵書を読むなかで士官学校への進学を考え、さらに試験準備のために半年ほど漢学の学習に励んだ。しかし家族からは大学への再入学が期待されたので、それに従い翌年東京大学に復学することにした（一九歳）。

ここで雪嶺もいよいよ専攻分野の決定に迫られた。ところで兄典徳は官界をめざすために法学を専攻していたが、雪嶺はあえて兄とは別の哲学の道を選ぶことにした。その理由として、

自分は哲学を比較的根柢あるやうに心得てそれを択んだ。

（三宅雪嶺『大学今昔譚』我観社、一九四六、129頁）

とあるが、さらに、

初め東京大学で文学部を設ける時、今の濱尾枢相が副総理の格で学生を招いていふやう、「今回文学部が設けられるが、これは他と違ひ、卒業しても直ぐ役立たぬ代り、十年も経れば立派な者になれる」と。自分は出席しなかつたけれど、寄宿舎で又聞きして承知した。自分が文学部を択んだのは幾らか之に関係して居るかも知れぬ。

……哲学を仙人修業の学とせずとも、仙人になるものは仙人にならしめ、法学部でも哲学を修め得るやうにするに越したことが無い。プラトーンが哲学者をして国家を支配せしめようとしたのは、我田引水であつても、瓢箪から駒が飛びだすほど突拍子でもない。法学部に文学部の政治経済を幷《あ》はせ、哲学を閑人の空談としたこと、哲学の弊習よりもし、官僚的に官吏を養成するの必要よりもしたが、決して立憲政体自治制度に適する政法思想を涵養するの所以の道でない。

（三宅雪嶺『自分を語る』朝日文庫、一九五〇、35～36頁）

と述べるように、諸学の基礎にある思想として、さらには政治の在り方をも規定する学として哲学を専攻した。政治や経済の根底にある人間社会の求めるものとはなにかを問う、修身斉家治国平天下を追求する儒教思想以来の課題につながる、聖賢＝哲学者による政治への可能性を求める学として、西洋哲学が学ばれようとしていたのである。それは立身出世を夢みる世俗的欲望を超越する学問観としてでもあった。

それにしても雪嶺は何故このような選択をしたのであろうか。父の意を継ぐのであれば医学の道も可能であった。また兄に続いて官界に進むこともありえたはずである。しかし彼は軍籍に身を置くことで、明治国家をめぐる国際列強との厳しい関係に自ら身をおく必要を考えたほかは、官僚としての道は全く頭になかったのである。それは一体何故なのか。

彼の自伝的な文章には見当たらないが、これまでの同時代への回顧のなかからたぐってみると、『同時代史』のなかで、旧藩の雄でありながら、「因循なる加賀藩」（三宅雪嶺『同時代史一巻』岩波書店、一九四九、120頁）と批判し、その理由が筑波に挙兵した水戸浪士の武田耕雲斎ら八百余人が加賀藩を頼り降伏した時、

一藩の運を賭しても減刑に務めざるべからざるに、加藩に其れだけの見識ある者なく、有るも力を得ざるのみならず、藩の世子が既に京都にて失敗し、幕府の歓心を得るに汲々とし、苟も其の反感を買ふが如きを敢てすること能はず。（同上、79頁）

時代を見通す眼識のないままに幕府を恐れるのあまり、「手も足も出さず、屛息の姿にて維新の変に及」（同上、200頁）んだように、維新の変革はまさに薩長の先見ある人々により進められたところから、加賀人の出る幕はもはやないものと認めざるを得なかった。そこから今すぐ必要の求められていた政治学や経済学ではなく、将来に向かって役立つであろう哲学にわが国のあるべき姿をもとめることで、第三の道を切り拓こうとしたのが雪嶺の原点にあった。

維新の政治的変革に取り残されたものが見つけた、その政治改革をも包含する文明論としての精神の領域で自己主張しようとしたのが雪嶺であった。それはフランスにおける市民革命に対する、後進国のドイツにおいて精神の領域で近代を切り拓いたカント哲学からヘーゲル哲学に至るドイツ啓蒙主義の旗主たちの心情に比肩すべき、維新政権の国家主導の改革に対して国民主導の改革精神に立ち返ることを主張するものであった。

雪嶺は明治一六年（一八八三）に東京大学を卒業するまでの間、

外山正一、フエノロサが西洋哲学を、島田重礼、中村正直が支那哲学を、原坦山、吉谷覚寿が印度哲学を受持つた。何れも相当の履歴があり、碩学と称すべきにしても、授業が思ふやうでなく、フエノロサも哲学の初歩を講義したときこそ有益で面白かつたが、その後にはカントの英訳、ヘーゲルの英訳、ヒユームの著書を文字通りに読む位のもので、これといふことがなかつた。

それよりも敬宇先生との雑談の方が興味深かったと述懐していた（前出『大学今昔譚』129頁）。

それもその筈、哲学科の授業は雪嶺一人が相手ではすぐに談話になり、授業らしくなくなった。そこで図書館での学習の方が効果的に知識を習得することが出来たのであろう。そのためには雪嶺自身の主体的視点からする知識の整理、つまり自らの思想方法を確立することが求められた。ともかく雪嶺は卒業生を代表して証書の授与を受けて世にでることになった。

学問研究の継続を希望した雪嶺にたいして、外山教授の斡旋で准助教授として大学内の編輯所で日本仏教史の研究に従事することになった。なぜ日本宗教史にしなかったと云えば、後に久米邦武「神道は祭天の古俗」事件があったように、神道研究には制約があったので、無難な仏教史研究を対象とすることにした。

この編輯所ではすでに井上哲次郎が東洋哲学史を、宮崎道三郎が日本法制史を、有賀長雄が日本社会学史の編纂に従事していた。そして東京大学が帝国大学と改称する明治一九年（一八八六）までの三年間を、雪嶺は自由に大学図書館に出入りし、編纂事業の枠を超えて書物を渉猟して読書に時間を費やした。やがて大学の制度改革のなかで雪嶺の身分は文部省の編輯局に移され、そこでチェンバレンの日本文典編纂の手伝いをしながら教科書（修辞学）編纂を担当した。しかしここでは大学と違い自由な時間がない上にノルマまでが課せられたので、雪嶺の体質に合わず皆の止めるのも聞かず辞表を提出した。以来、雪嶺は一切官と袂を分かつ野の人となった。

なお編輯所時代の研究成果として明治一九年に『日本仏教史第一冊』が発刊された。本書は奇観本で一般に手にすることが出来ないが、さいわい家永三郎の解説によると、五五ページの全冊が『古事記』『日本書紀』の高等批評にあてられている。／序言に、日本仏教史を論ずるならば「時アリテハ宗教全体ニ附着スルコトヲモ弁明スベク、又時アリテハ世態諸事ニ依従スルコトヲモ弁明スベク、云々」とあって、仏教を広く日本の歴史全般から考えようとする、きわめてすぐれた方法論が示されているので（「凡ソ宗教ハ国内万般ノ事情ニ順応スルモノ」ともある）、日本仏教史の前段階として、仏教渡来以前の民族宗教を取り上げたのかとも考えてみたが、かんじんの日本仏教の歴史を述べるはずの第二冊以下の公刊された形跡のないのを見ると、どうもこの著作の目的は『記』『紀』の高等批評が目的で、『日本仏教史第一冊』というのは、その真目的を検閲官の目からくらますための煙幕ではないだろうかという気がする。／もしそうだとすれば、この書物のもつ意義はきわめて重大である。(1)

まさに学問研究の不自由な時代に、記紀批判をした津田左右吉の先駆的研究として位置づけられるものであった。雪嶺はやがて日本主義、国粋保存主義者としての活動を始めるが、この処女作から見ても、彼の歴史認識は自国文化を絶対視する偏狭なナショナリズムとは無縁な、理性の輝きに導かれた知に支えられていた。

註

（1）三宅雪嶺『日本仏教史第一冊』は「名著発掘」欄（『文芸』四月号、河出書房新社、一九六七、157頁）に家永三郎により解説紹介されている。なお同文は山野博史「三宅雪嶺著作目録」（『関西大学法学論集』三六―一号、一九八六・四）に紹介されていて、引用はそれに拠った。

2、国民主導の政教社

雪嶺はすでに大学編輯所時代から『明治日報』に関係し、さらに『東京日日』や『東洋学芸雑誌』などにも寄稿していた。また明治一七年（一八八四）には自由民権運動を推進した自由党が解党するなかで、自由新聞記者の肩書で激化する秩父騒動の実情を視察して新聞雑誌に記事を送った。それは政治批評という相対立する当事者の立場ではなく、第三の道としてのジャーナリズムを切り拓こうとするものであった。

このような民の動きを強権的に封じるなかで維新政権は内閣制度を整え、憲法を制定して国会の開設を目指し、さらに条約改正のために欧化主義を振りかざして鹿鳴館外交を推進した。それは維新の改革に次ぐ明治国家の制度とその内実を問う大きな転換期であった。そこで藩閥政権主導による政治改革を危惧した雪嶺らは、官民を超えた第三の道を求めて明治二一年（一八八八）、井上円了、辰巳小次郎、棚橋一郎、志賀重昂、杉浦重剛ら東京大学及び札幌農学校出身者を中心とした選ばれた知識人として、社会に対して自らの良心に従い条理を尽くす言説を発表するために政教社を設立し、また雑誌『日本人』を言論の舞台にした。そのめざすものは、

当代ノ日本ハ創業ノ日本ナリ。然レバ其経営スル処転タ錯綜湊合セリト雖モ、今ヤ眼前ニ切迫スル最重最大ノ問題ハ、蓋シ日本人民ノ意匠ト日本国土ニ存在スル万般ノ囲外物トニ恰好スル宗教、教育、美術、政治、生産ノ制度ヲ選択シ、以テ日本人民ガ現在未来ノ嚮背ヲ裁断スルニ在ル哉。

（「日本人創刊の辞」『日本人』二号、一八八八・四）

と述べたところにその時代認識とかれらの立場が示されていた。そして雪嶺も大日本帝国憲法の成立に際して、

余輩をして今日の盛世に遭遇することを得せしめたる彼の戊辰の革命の如きは、偉は則偉なりと雖ども、今日の美事に比しては幾分か其等位を降らざるを得ず。六百年来積威の強き、根帯の深き幕府を倒し、政権を恢復して帝室に収攬したるは旧制に復したるまでの変更にして、別に珍奇なる感覚を起さしめず。今日の改革は則ち然らず、

（「日本国民は明治二十二年二月十一日を以て生れたり」『近代日本思想大系5・三宅雪嶺集』筑摩書房、一九七五、248頁）

と述べるように、維新の変革は幕政から王政に政治権力が復しただけで、政権間の権力の移譲であったが、帝国憲法の発布は人民に参政権を恵与する王権の分割としての政治的大改革であるとした。その理由は、

今日開明社会の人民には適合せずと思考せらるる君主専治の制度を改められたるなり、世界各国挙て政体の最も優美なるものと称道する所の立憲君主制の根基を肇開せられたるなり。且つ夫れ政体の変更する際には必ず鮮血滾々、死屍累々の惨澹たる境界を経過せざるべからずと思惟せしむる古今史上の誤想を排除し、君主と臣民と其感情の一致投合すること猶ほ我帝室と余輩日本国民との間の如くなれば、敢て暴力を用ひざるも、敢て脅迫手段を要せざるも、善良なる改革は何時にても之を成就することを得るものなりとの貴重なる洪範を示し、以て将来の君臣を戒めたるなり。

（同上、248頁）

近代化をめざす人民には君主専制の政治が相応しくないので、政治制度として優れている立憲君主制が導入された。しかもそれが流血を呼ぶ革命ではなく無血の改革として、君主と国民が一致したことは歴史に残る教訓とすべきとした。

大日本帝国憲法の評価がここで止まってしまったら帝国憲法の推進者・伊藤博文と差異がなくなってしまう。しかし雪嶺はそこから一歩抜け出そうとしていた。

我社の諸友が国粋を発揚して国家的観念を養成せんとするの主旨を公にしてより、所謂日本旨義は巍然として頭角を顕はし、彼の模倣旨義をば半ば之を打破したり。然りと雖ども、国家的観念即国民的精神発揚の成否は大に政体の如何に関係するものなるを以て……今や其障碍も去り、余輩の手足を伸ばすべき時節の到来したるに……

（同上、249頁）

すなわち国家的観念＝国民的精神の発揚＝ナショナリズムは、立憲君主制の憲法発布により日本国民が生まれることで国粋保存主義の発揮することが出来る時代が到来したというのである。

雪嶺は続けて、

国民とは国家旨義の上より云ふものにして、政治上固く結びて一体をなしたる人民を云ふなり。……蓋し国民ありて国家なきもの甚だ稀なれども、国家ありて国民なきは珍しからぬことと思ふ。君主専治の国家の中には余輩は臣民あるを知れども国民あるを知らざるなり、何となれば国家は君主の専有物の如く、人民は亦国家の附属物の如き観あればなり。（同上）

近代国家の核は国民であるというのである。立憲君主制はそれを実現する政治制度として受容すべき組織とした。雪嶺の論陣は当然この国民の立場から政官財の独善や悪癖を批判することで国民国家の内実を争わんとした。その一つが「三千の奴隷を如何にすべき」と論じた高島炭鉱の告発であった。

国粋保存主義を単なる伝統主義、保守主義と見なすかぎり、雪嶺の高島炭鉱問題への関与はジャーナリストとしての優れた個人的資質として評価するぐらいが関の山である。しかし雪嶺にとって高島炭鉱問題はそれに止まるものではなく、政教社の自己主張として知の在り方を問うものであった。

炭礦に究居する三千の奴隷、原より急速に救助せざる可らず。今や非常の惨状を聞き、意迫り語尽き云ふ所を知らず。……終に臨み敢て告ぐ、高島炭礦舎が三千の奴隷を虐使するは、正当の工業を妨碍せんとする者なり。高島炭礦舎が三千の奴隷を虐使するは、慈仁の名ある帝国人民の体面を毀傷する者なり。高島炭礦舎が三千の奴隷を虐使するは、鋭意文化に進まんとする東洋全般の栄光を消滅せんとする者なり。高島炭礦舎が三千の奴隷を虐使するは、千載万載を経て進化発達し来れる人類社会の大道を阻礎せんとするものなり。

（「三千の奴隷を如何にすべき」『明治文化全集第六巻・社会篇』日本評論新社、一九五五（改版）、17頁）

高島炭鉱問題は日本の立場からは工業の在り方を妨げるものであり、仁政をめざす立憲君主政治の体面を損なうものであり、ひいては東洋社会の名声を傷つけ人類社会の発展に水を差す愚行として告発するものであった。そして雪嶺は高島炭鉱問題の解決について一三ヶ条にわたって提案するなかで、世人が国家の幾多の大事業のなかで高島炭鉱夫の救済などは些細な小事として、具眼の人士の取り上げるべきことではないと白眼視する姿勢に対して、挺身自奮して救済すると宣言した。そして最後に雪嶺の矛先は、

聞説らく、高島炭礦に在勤する幾多の学士ありと。借問す、兄等は果して半生何にの道を講じたるぞ、東京大学にありて果して何にの義理を修めたるものぞ。

（「輿論は何にが故に高島炭礦の惨状を冷眼視するや」同上、21頁）

選ばれた者としての道理からの逸脱を、また最高学府で学んだ者に学理の筋道を守るべき社会的責任が追及されていた。このように雪嶺思想の核心は民の生業を実現する政治の在り方にあった。

3、相対主義的文明観としての国粋保存主義

国粋保存主義と聞けばその民族の誇るべき伝統文化を称揚し、その民族が賞賛して止まない自然美を誇り、そしてその民族によって維持された国土への神聖不可侵を内から外に向かって標榜するものと考えられがちである。確かに一九世紀末に圧倒的な力で押し寄せた西欧文明の波に対して、後進国日本として自らの存在感を維持するためにはナショナリズムは避けて通れない近代化への通路であった。外からの文化を遮るためには比較を排して単眼的にでも自国文化への美点を強調するものであった。

しかし日本の近代化も形を変えて西欧の最先端の思想を移植することで進められてきた。そしてその殆どが流行現象として風化させられていった。思想にはその民族の基層を流れるものをくみ上げないと歴史の中に組み込まれることはない。ところで雪嶺の場合、自国の文化を見る場合、常に複眼的であった。かたくなに自己主張するのではなく内からの視線と外からの視線が結ぶところで日本の文

化像を定着させていた。それは初期の宗教史研究のなかでも示されていた視点でもあった。明治二四年（一八九一）、三一歳の時に書かれた『真善美日本人』および『偽悪醜日本人』もまた、雪嶺の国粋保存主義の立場を如何なく発揮した歴史哲学的考察としての日本文明論であった。

まず『真善美日本人』の「凡例」において、

一、自国の為に力を尽すは世界の為に力を尽すなり、民種の特色を発揚するは人類の化育を裨補するなり、護国と博愛と奚《なん》ぞ撞着すること有らん。本書を読むもの幾庶《こひねがは》くば此理を了《れう》せん。

一、世の所謂国家主義なる者にして、果して国家全体の勢力を拡張せんと欲するものならんには、余固《もと》より之を取らん、然れども若し一部は独逸学者に附和して、政府を最大主要とするの意味ならんには、余輙《たやす》く之を取る能はず。

（『真善美日本人』『現代日本文学全集第五篇・三宅雪嶺集』改造社、一九三一、215頁）

欧化主義の外からの視点に対して内発の国粋保存主義は、人類の化育成長に貢献する視点として文化の相対主義を主張するものであった。その第一の任務として、

真を極むること如何、相切磋《せつさ》し、相磨砺《まれい》することの以て美玉を成就すべきを見ば、知識を闘はすの真を極むるに已むなきを知らん。異なれる境遇に於ける異なれる経験より獲得せる極めて多くの異なれる事理を彙集《いしふ》し、同異を剖析《ぼうせき》し、是非を甄別《けんべつ》し、以て至大の道理に帰趨《きすう》するは、真を極むるの要道なり。

（同上、223頁）

知は互いに切磋琢磨して磨き合うことで真を極めるもので、西洋以外の異なる地域の異なる経験から異なる事理を集めて、その異同を確かめ、是非をふるい分けることで最高の道理にたどりつく。かくして東洋の新事理を探求して全世界の真を極むることこそが、日本人に課せられた大切な方法であり職分であるとした。まさに西洋文明を中心とした真理観に対して東洋文明の再評価を迫るものであった。

日本人の第二の任務として掲げられたのが善の実現である。ところで、

善を極むるの道途に於ては、先づ正義と認むる所を主持して肯《あへ》て一毛も仮借する所あるべからず。……而して正義の自在に発揚するは、相互の権力の差別を離れて全く平等に赴けるの時にありとす。（同上、227頁）

善を極める道筋において重要なことは、正義を認める所をしっかり押さえ、例え僅かな不正でも見逃さないことである。その上で正義が自由に発揮されるには、権力の強大弱小に関わりなく、すべての構成員が平等に振る舞えるときであるとした。

そこで問題は後発国としての日本の現実で、雪嶺は明治国家が西欧列強に伍するために軍備の拡張に努めるのは止むをえないこととした（同上、230頁参照）。しかし果たして財政的にそれに耐える経済力があるのかどうかは疑問とし、経済力を高めるためにまず国民が必要とする生活物資の生産を高めて工業化を促し、そうすることで我が国の海運業も盛んになり、その結果として経済力が高まった時

に軍備の拡張をするのが事の順序であるとした。しかし国民生活への改善のない一方的な軍拡は国民生活を抑圧するものとして批判した。

第三の任務として〈美〉を極める方法は、世界の国々と芸術のくつわを並べて競うために外からの取長補短主義ではなく、わが国独自の特質を発揮することが肝要であるとした。それに対して『偽悪醜日本人』において、日本社会の〈醜〉として指摘したのが封建的な身分制度の影響であった。とかく学術研究に従事する者にとって地位が低いと研究の便が得られないため、官等の昇級を願い、そのために地位の高いものの尻尾に従い、営々として因循卑屈に流れること。また学術理論に対しては政府役人の弁ずる所ではなくその権利もないのに、彼らの好悪で真偽が混乱させられている。ここからまず大学教授自身がその官等位階学位などの官僚制を捨て、学術の政治的権威から自立する必要を主張したことである。

次に雪嶺が日本社会の〈悪〉として指摘したのが、藩閥政府と結びつき、公益に名を借りて私益に走る紳商たちへの批判であった。

抑も紳商とは何者ぞ、彼等名を公益に仮りて私利を経営せり、有司に賄うて官業を請負へり、姦商なり、博奕商なり、彼等は秀でたる材能なし、唯権家に出入し権家に結託し、世人の未だ知らざるに官府の内情を探知し、予め法律政令の向ふ所を知り、市場の物価動揺せざるに乗じて算盤を撫し、機会一転忽ち巨万の怪利を攫取す、商売の実なくして、富巨万を積めるものは、実に彼の紳商なり。其譎《けつ》以て法網を逃れ、其の智以て愚民を惑はし大官を誘ふ。……而して其の勢力の及ぶ所は尽く変じて腐敗潰乱、悪臭紛々たる処とならざるはなし。嗚呼国家を腐敗せしめるものは、実に此の紳商なり。（同上、248頁）

そこでこれらの紳商を社会的に暴露するためには選挙権を拡大し、悪徳の紳商を抑圧しないとわが国に公正な紳士による実業は発達せず、従って国富も伸びず国権も伸長しないと断じた。

最後に日本社会の〈醜〉として指摘したのが、西欧文化への主体的選択抜きでの模倣を礼賛する欧化主義への警告であった。

我《わ》れや国を開きて欧米と交通せしより僅かに三十年、所謂世界文明後進の国士なれば、所謂先進文明の国たる欧米の新事物を容るゝに急なるは勿論なりと雖も、而も静かに二千年来の発達を稽査するに、風俗習慣、礼文芸術、他人と交際するに於て敢て甚しく恥づるにも及ばざるなり。大凡社会の事物たる、他を模倣《ぼかう》せんよりは、自家固有の特質を発達せしむるの優れるに若かざることあり。蓋し我国固有の風俗たる、爰ぞ悉く抹殺すべきものならんや。抑も外国の事物を取りて之を用ゐんこと敢て非難すべきにあらずと雖も、其の之をなさんには、予め守る所なかるべからず。即ち明かに我《われ》を主とし、彼を客とするの本領を確定し、彼や只取りて以て我《わ》れの発達を裨補せしむるの用に供すべきのみ。初めより我の我たるの観念なく、只汲々乎として模倣之れ務む、焉ぞ其の可なるを知らん。（同上、257頁）

自国の文化や芸術的特色を忘れてひたすら日本を欧米化することは、日本を劣等なる欧米とし、また民として劣等なる欧米人になると警鐘をうちならした。これこそが雪嶺の国粋保存主義であった。それは西欧文化といえども絶対的価値をもつものではなく、あくまでも相対的な関係にあるものとして価値の多元性を主張するものであった。

雪嶺のこの姉妹篇からなる日本文明論は、明治二〇年代から見たわが国の文明状況を極めて冷静に分析し、自国の国家的自立に向けた日本社会とその文化をめぐる課題を摘出するものであった。なお彼がここで人間社会の指標として真善美に着目したのは、古代ギリシア哲学史を読むなかでギリシア精神が真善美を理想としたところからであった（前出『自分を語る』24頁）。このような雪嶺の文明論的言説はその後も時代の転換期においてなされたが、その根底で彼の思想を決定づけたものが大塩陽明学に発する、至善を追求する良知が深くかかわっていたことも指摘しておきたい。

4、政治を正す第三極

すでに述べたように政教社は国民的国家をめざす選ばれた知識人として、政府官僚の進める国家主導の政策は勿論のこと、自由民権運動に見られた内部対立や反政府的活動の危うさとも距離をとる第三の道を志向した。そして政教社の社名に象徴されるように、政治を教え導く思想集団としての自負は鋭鋒となり、しばしば政府の忌避を招くことになった。

雑誌『日本人』は幾多の苦難な変遷をたどりながら、その活動は六〇年に及んでいた。まず明治二一年（一八八八）四月の設立以来のメンバーによる『日本人』は、明治二四年六月に発行停止処分を受けて廃刊を余儀なくした。そこで週刊誌『亜細亜』が後継誌として発刊された。しかしこの『亜細亜』もしばしば発刊停止処分を受けるなかで、明治二六年一〇月に『日本人』が復刊された。このように『日本人』と『亜細亜』は雪嶺らにとって、政治的弾圧への対抗措置として使い分けられてきた。その意味では『日本人』と『亜細亜』は一体のものとして受け止める必要があろう。

『日本人』はその後も明治二七年に一四号、一六号が相次いで発刊禁止の処分を受けるなかで、明治三九年（一九〇六）に陸羯南《くがかつなん》の『日本』と合併して『日本及日本人』を創刊することになった。

それでは雑誌『日本人』に於いて雪嶺はどのような政論を掲げたのであろうか。まず彼が取り上げたのは大日本帝国憲法の成立の意義についてであった。それはわが国憲法を立憲君主主義の憲法として、法にもとづく行財政運営を旨とすることをもって高く評価するものであった。しかし、

憲法を公平とするも法律の制定次第人物の適用次第にて如何様にも為すを得べし、言論著作印行集会結社請願果して自由と称し得るに至るか、……事々物々帝国議会の協賛を経るとするも、行政官の意志は議長を定め官吏を議員とする妙計のほか、種々雑多の手段を以て通達するを得るに非ずや。……天下攘々皆利ノ為ニ往、天下熙々皆利ノ為ニ来ル、醜亦た力あり、噫。憲法必しも執権者を制馭せずして、執権者却て憲法を利用することあり、

（「大日本帝国憲法を評す」『近代日本思想大系5・三宅雪嶺集』筑摩書房、一九七五、246～247頁）

たとえ公平な憲法であっても下位にある法律の制定次第によっては、それを運用する行政官により利益誘導されて歪められ、憲法は執権者を制馭するどころか意のままに利用される危険性が指摘され「有司に愚にせらるゝ勿れ、有司に愚にせらるゝ勿れ」（同、247頁）と叫ばしめていた。このような官僚主導に対抗するものとして雪嶺は政党政治の出現を期待していた。

続く「日本国民は明治二十二年二月十一日を以て生れたり」においては、

戊辰の革命の如きは、偉は則偉なりと雖ども、今日の美事に比しては幾分か其等位を降らざるを得ず。六百年来積威の強き、根帯の深き幕府を倒し、政権を恢復して帝室に収攬したるは旧制に復したるまでの変更にして、別に珍奇なる感覚を起さしめず。（同上、248頁）

とあるように、雪嶺は明治維新に始まり帝国憲法の発布に至る政治過程を、一つの流れとして把握するのではなく、維新の変革を幕政から王政への復古としてとらえ、それに対して帝国憲法の発布は国民に参政権を与えることで、君主権を国民に分与する国民国家に向かう一大政治改革と認識した所にあった。

雪嶺のこのような維新の政変を、帝国憲法成立に比すべきものでないとする認識の背景には、

余輩の祖先が嘗て夢にだも希望せざりし参政の権利を恵与せられたるなり、今日開明社会の人民には適合せずと思考せらるる君主専治の制度を改められたるなり、世界各国挙て政体の最も優美なるものと称道する所の立憲君主制の根基を肇開せられたるなり。且つ夫れ政体の変更する際には必ず鮮血滾々、死屍累々の惨澹たる境界を経過せざるべからずと思惟せしむる古今史上の誤想を排除し、君主と臣民と其感情の一致投合すること猶ほ我帝室と余輩日本国民との間の如くなれば、敢て暴力を用ひざるも、敢て脅迫手段を要せざるも、善良なる改革は何時にても之を成就することを得るものなりとの貴重なる洪範を示し、（同上）

とあるように、権力者間の政権の移譲だけではなくこれまで政治に関与することから排除されてきた

被治者が、国家の構成員として登場する国民国家の実を手にしたことを高く評価するものであった。

加えて維新の功業に何ら寄与することのなかった加賀藩出身者としての負い目は、薩長政権の在り方を冷徹なまでに客観視する眼差しとしてあったことは否定できなかった。それに対して立憲君主主義を掲げる帝国憲法の発布は西欧先進国において最も優れた政治体制の実現として、西欧に見られた流血の革命を経ることなく成立した意義が強調されていた。ここから政教社のめざす国家的観念の発揚の基盤が形成されたとして、

我社の諸友が国粋を発揚して国家的観念を養成せんとするの主旨を公にしてより、所謂日本旨義は巍然として頭角を顕はし、彼の模倣旨義をば半ば之を打破したり。然りと雖ども、国家的観念即国民的精神発揚の成否は大に政体の如何に関係するものなるを以て、余輩の素志も充分貫徹せらるるの好機を得ざりしが、今や其障碍も去り、余輩の手足を伸ばすべき時節の到来したるに……。（同上、249頁）

そしてヨーロッパの開明諸国が国家主義即ち「ナショナル」旨義（一名国粋旨義）に注目したのは人類の進歩として、

只だ憲法の発布せらるると同時に日本国民の生れ出でたることを読者に告げざるを得ず。（同上）

と、憲法によって国民を基盤とする国家と日本国民が形成され、その国民国家を支える精神としてのナショナリズム即ち国民の道徳感情こそが自らの属する政教社の精神であることを宣言するもので

あった。

雪嶺はここで国土を形成してそこで住まう人々の呼称としてある人民、臣民、国民の違いを論じ、

人民と国民とは明瞭に之を区別せざるべからず。人民とは単に風俗、習慣、言語等を同じふする民族を総称するものなり、国民とは国家旨義の上より云ふものにして、政治上固く結びて一体をなしたる人民を云ふなり。……蓋し国民ありて国家なきもの甚だ稀なれども、国家ありて国民なきは珍しからぬことと思ふ。君主専治の国家の中には余輩は臣民あるを知れども国民あるを知らざるなり、何となれば国家は君主の占有物の如く、人民は亦国家の附属物の如き観あればなり。

（同上）

これからわかるように雪嶺が追求する国民とは君主や国家の占有物ではない、近代国家の主体としての国民であった。雪嶺はそれを封建社会の人民と比較して、

試みに思へ、往事封建時代に当りて真に所謂日本国民なるものありし乎。実際政治を行ふものは帝室にあらずして諸侯なり、某某藩の臣民、何何侯の領民と称するものはありたれども、国民的精神発揚せず、日本国土に日本国民存立せざりき。維新以来政治は帝室の独裁に出でたりしも、大に藩閥的の城郭を毀ち、且つ大に臣民の情願を容れ、人民の希望に副ひて政路を進め玉ふが如き有様なりしかば、余輩日本人民は帝室の臣民たると同時に、又日本国民にてもありとの感想稍一般人民の心裡に萌生したりと云べきも、未だ以て充分なる発達をなさざりし。

かくして維新政権の君主独裁から憲法発布による立憲君主制のもとにおいて国民の成立したことを、
然り而して君主独裁制の国家に生息する人民は、之を臣民と称するこそ適当なるべしと雖ども、
立憲君主制の国家の住民をば之を国民と呼ばざるべからず。
（同上、249～250頁）

（同上、250頁）

雪嶺はこのように大日本帝国憲法の発布が国民を創出するものとして高く評価した。しかしそれ故にこの国民をもてあそぶ政治の在り方に対して厳しい批判の目を見失うことがなかった。それは中江兆民が恩賜的民権から回復的民権（『三酔人経綸問答』）と規定した、主体としての国民を軸とした民の位置づけに対応するものであった。

その国民的実現に向かって民意を代表する議会政治の在り方として、雪嶺が力説したのが政党による政治であった。

我国今や立憲の制成り、代議の法定まり、代議士の選挙已に了りて、議会の開期亦た已に迫れり。是の時に当り、吾人一たび我が帝国議会局面の状態を想像するときは、忽ち一事の念頭に浮ぶものあり、何ぞや、曰く政党の競争是なり。抑も代議制度の起るや、国民各相競ふて自己の懐抱せる政治的希望を満たさんとす、此の希望を満さんには、国民多数の同意を得て以て議会の勢力を保たざる可からず、……我が帝国議会の将来に於ても、亦た此の政治競争を見んことは、蓋し必然の勢なりとす。
（「独立旨義の必要」前出『近代日本思想大系5』274頁）

議会政治こそが民意を代表する政党政治を生み出す自然の理とした。そうであれば政党はいかなる条理によって活動するものなのであろうか。雪嶺はそれについてまず政党なるものの基本的性格として、

彼の政党は何者ぞ、豈有情的動物の集合体に非ずや、此の集合体や、其知識と思慮とを備ふると同時に、又た私意と偏曲の情念とを有せり。故に一たび危急存亡の機に会するとき、又は禍福栄辱の岐る丶場合に際しては、私意情念の忽ち奮興勃発する者ありて、其道義と正理との判断力を蔽ふあらんことは、豈理の免れ難き処ろならずや。（同上）

道義に立脚して正理を追求する政党と云えども好悪の私情を持つ人間の集合体として、自らの立場が問われるような重要局面において、私情が先行して道義が曲げられることも起こり得るものとした。

それではこれを防止するには如何すれば良いのであろうか。それに対して雪嶺は二つの選択肢があるとした。その一つが「正理標準的思想」を以てする結社であり、いま一つが公正を欠く「成敗標準的思想」であると云う。

夫れ正理標準的思想の本質は、則ち公平無私を主眼とする者にして、成敗標準的思想は、私意偏曲の化生物なり。公平無私と、私意偏曲と、其の何れか是にして、何れか非、何れか利にして、何れか害なるや、明確較著、固より言の争ふ可き者あるなし。果して然れば、我が帝国議会に於ては、正理標準的思想の勢力を有して、成敗標準的思想の痕跡を絶たしめんことは、吾人の熱望して措く能はざる所なり。（同上、275頁）

人間社会を構成する有情的動物の本質として、時に私意偏曲をたくましくする弊害を克服するため、政党そのものに終始正理を標準とする思想を保持することを勧めるものであった。しかし雪嶺の冷静な政治予測はこれで終わるものではなかった。具体的な政治過程において今日ある国家主義と個人主義、日本主義と西洋主義などの分子が固まって、現状を積極的に変更しようとする進歩主義とひたすら現状維持を求める保守主義の二個の政党として対立し、正理標準的思想の貫徹から逸脱する可能性を指摘した。この弊害を除去するために雪嶺の訴えんとしたのが、

然るに、議会の勢力を以て単に此の二党に吸収せしめ、他に一派介在の党派を有せざるときは、勢の趣く処、二党は唯だ自党の勝利を得んことに汲々として、遂に国家の利害得失を顧みざるに至る可し。此の場合に当り、他に一個有力の党派ありて、二党の私意専行を掣肘するものあるときは、二党も亦た自から警めて、自説の条理に適合せんことを求め、公平無私の意中を発表して、介在一派の賛成を求むるに至る可し。……斯くの如くなるときは、其介在一派は、自づから重を議会に荷ひ、議会の規準となりて、二党の是非曲直を秤量することを得べき者なり。吾人は此の介在一派を称して独立派と云ふ。（同上、276頁）

対立を常とする議会場裏の第三局として、重大局面において迅雷となり烈風となり忽ち偏私を挫き、立ち所に曲情を引き裂くのが独立派の本分とした。即ち、

嗚呼方今天下多事、吾人何に依てか民福を進めん、曰く政務の公平を保つに在るのみ。何に依て

か政務の公平を保たん、曰く之に任ずる者の大中至正を誤らざるに在るのみ。我が帝国議会に立ちて、大中至正を支持する柱礎となるものは、我が独立派なり。我国政党の私情を制し、偏頗大義を誤るの弊害を救ふ者は、我が独立派なり。好し吾人は益々奮つて我が独立派の結託を固ふせん。

（同上、277頁）

政党の私情を制し大義を誤まらない第三局の独立派こそ雪嶺のめざす立場であった。このように見てくると雪嶺は単純に国会の開設を喜ぶのではなく、その将来的な民を主体とする議会政治の在り方にまで言及していたことが分かる。国粋保存主義を標榜する所から単純に雪嶺を保守主義に分類することは、人間の陥りやすい私情＝私欲を排し、政治の公正を求めて民の視点を重視する雪嶺の心を見失うものであった。そしてこのエトスこそが大塩平八郎に由来する陽明学精神であった。

雪嶺は明治・大正・昭和を生き抜いた言論人であり思想家であった。彼の民を重視する思想活動はこれから展開する日本帝国主義のアジア進出に対してどのように示されたのであろうか。彼の国民主義は西欧列強のアジア進出に見られる東アジアの危機的状況を受けて、さらに自国日本のアジア進出の三つ巴のなかで、どのような現状認識をもってアジアの旧文明国としてある中国問題を考えていたかは、雪嶺思想の解読のための重要な試金石である。

雪嶺と同じように明治二〇年代に向かって『将来之日本』『嗟呼国民之友生れたり』『新日本之青年』をもって颯爽と登場した徳富蘇峰は維新の変革につづく第二の革命として、天保の老人を尻目に明治の青年による平民社会の実現を呼びかけた。蘇峰の民に軸足をおく論調は時宜にかなった生新さのみなぎるものであった。

凡ソ生産武備ノ二機関ハ独リ其範囲中ニ於テ其勢力ヲ逞ウスル者ニ止ラズ。併セテ社会万般ノ事ニモ其感化ヲ及ボス者ナリ。……即チ武備機関ノ発達シタルノ邦国ニ於テハ政権ハ唯小数人ノ手ニ専有シ。生産機関ノ発達シタル邦国ニ於テハ政権ハ多数人民ノ手ニ分配シ。一方ニ於テハ人民ハ国家ノ為メニ生ジタル者トナシ。他方ニ於テハ国家ハ人民ノ為メニ生ジタル者トナシ。……之ヲ要スルニ武備機関ノ発達シタル社会ハ唯不平等主義の支配スル所ナリ。生産機関ノ発達シタル社会ハ唯平等主義ノ支配スル所ナリ。

（『現代日本文学全集第四篇・徳富蘇峰集』改造社、一九三〇、62〜63頁）

しかしこの蘇峰にしても日露戦争後の三国干渉を機にアジア進出の強硬派となり、かつての生産機関の発達した平等社会志向から武備機関が重視される不平等社会の支配する、軍事大国化の道を選択することで思想を挫折させた。それに対して雪嶺は中国問題にいかに対処しようとしていたのであろうか。

明治二三年（一八九〇）に雪嶺は雑誌『日本人』において「亜細亜経綸策」を論じるなかで、わが国が外国の侵略を受けず鎖国のなかで泰平を維持してきたのは、日本のおかれた島国と云う地理的事情とした。しかしもし仮に大陸の中央にあったとすれば、果たしてわが国の歴史に変化はなかったであろうかと疑問を呈した。そこから雪嶺は世界史的観点から地理的には我が国を東洋のイギリスと見たて、商工業による立国こそ我が国の採るべき道とした。しかし幕藩体制下の商工業蔑視策によってその担い手の育成が阻まれ、西欧に比肩し得うる工業製品に欠けるところからその育成策の必要性を訴えた。その上で、

我国前途の運命は、一に西隣怪物の制する処ろに係ると断言するを憚からざるなり。

（『近代日本思想大系5・三宅雪嶺集』260頁）

と遠からず中国が競争相手となる存在であることを指摘した。百年先を見越したなんと鋭い慧眼であることか。しかし清朝そのものの現状は外国の政略下におかれて混迷を深めていた。それではこの清朝が今後どのようになって行くのであろうか。

政治の変化、主権の交替、問ひを須《もち》ひざるのみ。満州政府にして永続せんか、洪秀佺の継続者にして勝利を博せんか。欧洲強奪者の掠むる処と成んか。好し何れに帰するも為すも、其の国土物産は変らざるなり。彼等が工業の適正依然たる可きのみ。

（同上、258頁）

清朝がどのような政情の下におかれようが工業化の条件は十分整っているとみた。しかしその政治状況は危機的で、外敵の侵略を阻止するために西欧の精神文化を導入して内政改革しなければ西欧列強が機を窺っていると警告した。

5、雪嶺思想の原点
――大塩陽明学――

雪嶺はその長い言論活動のなかで徳富蘇峰などと比較してぶれない思想家と云われてきたように、自ら信ずる思想的原理に立脚して認識世界を展開したところから、哲人三宅雪嶺と称されてきた。そうであるならばそのぶれない思想構造とは如何なるものであったのか、それが明らかにされねばならない。しかし雪嶺思想の構造についてこれまで必ずしも明快な答えが与えられているとは言い難い。ここが雪嶺研究の問題点であった（本山幸彦「解説」『近代日本思想大系5・三宅雪嶺集』371頁参照）。

例えば本山自身は、

スペンサーの宇宙論に学びつつも、スペンサーの宇宙有機体論のように、宇宙の本体を人間の相対的認識能力をこえた不可知的なものと考えているのでもないことである。

（『明治思想の形成』福村出版、一九六九、267頁）

とスペンサー思想との差異を指摘し、さらに、雪嶺が宇宙を一大活物、一大生命体としたところから、彼のこの宇宙進化と万物生成についての考え方は、ヘーゲルの絶対精神の自己展開の哲学に負うところが多い。雪嶺によれば、進化は分化と合化という相反し、相矛盾する二つの力によって行なわれるもので、あたかもヘーゲルの弁証法のように、万物を現前せしめる論理でもある。彼の宇宙は、まさにヘーゲルの絶対精神にも比定することができよう。（同上、268〜269頁）

とヘーゲル哲学の影響を認めていた。また最近の長妻三佐雄の研究ではスペンサーの有機体的な宇宙論のもとにある共同性観が、雪嶺の生涯にわたって保持された思想としてあり、そこから、

多元的な価値の共存を重視した雪嶺は、何事を論ずる場合でも、決して断定的な書き方をせず、常にさまざまな角度から物事を捉え、自分の視点も突き放して相対化することを心がけた。

（長妻三佐雄『三宅雪嶺の政治思想―真善美の行方』ミネルヴァ書房、二〇一二、12頁）

と述べるように、自然を含めた人類の多元的な価値の相対性に雪嶺哲学の核心を見いだしていた。

また柳田泉は、

王陽明その人にわが理想の哲人を見、その哲学思想に先生自身の哲学思想と深く共鳴するものを見出しているということである。（柳田泉『哲人三宅雪嶺先生』実業之世界社、一九五六、78〜79頁）

とし、そこから、

先生は、哲学をもって思想の学であると同時に実践の学であるとしていた。……時事時局の紛々に伴なう人欲の私を憎み、この私を去って自他を救う道をそこに求めたのである。そうして独自

の考察を重ねつつ極めて独創的な宇宙観（即ち陽明学の良知）を展開し、その高所から、自分は人欲の私に超越して、世の中の諸現象を眺めることが出来た。（同上、81頁）

とあるように、陽明学的良知のもとに人欲を超越し、私意を挟まない宇宙観から公正に物事を判断したと述べていた。

それであるならば雪嶺の宇宙観はどこから形成されたのか。それについて本山はヘーゲルの絶対精神の自己展開であると云い、長妻の場合はスペンサーの社会進化論に求め、柳田の場合は王陽明の良知の学に求めているが、果たしてそれで説明が尽くされるのであろうか。

雪嶺の生涯にわたる言論活動がその言説において振幅が抑制されていたのは、彼の哲学的知見がそうさせていたことは間違いない。それであるならばその思想的実体がどのようなものであったのかを明らかにしなければならない。

雪嶺思想の解明には哲学的著作の代表作である『宇宙』の分析だけでは不十分である。彼の初期の哲学的著作から追究しなければ見えてこないものがある。雪嶺が東京専門学校（早稲田大学の前身）や哲学館（東洋大学の前身）などで西洋哲学を講じるなかで生まれた著作『哲学涓滴』（明治二二年〈一八八九〉）や、彼の『宇宙』に先立つ哲学構想を示した『我観小景』（明治二五年〈一八九二〉）、及び雪嶺から見た東洋哲学としての儒教論『王陽明』（明治二六年〈一八九三〉）から見ないと雪嶺思想の構造は把握できない。そこで雪嶺哲学の総論を述べた『哲学涓滴』から見てみよう。

まず「緒論」第一章において人間の存在性と哲学の関係について、

此の無限の寰宇無究の世代に暫く微々たる蠢動を為すは、抑も何の目的あるか。豈に生まるゝや偶然にして、蠢爾たる鳥獣と倶に果肉の厚味を嗜み、樹影に謳曲を謡ふに停まるか。将に顕はるゝや必然にして、遍在の聖霊と共に造化の妙趣を感じ、乾坤の宏壮を欽《きん》じ得るか。……想ふに人の無尽なること、纔に水の逝て往かず、月の盈虚して消長する莫きが如くならざるべし。易学と云ひ、知学と云ひ、理学と云ひ、哲学と云ふ、其玄を鉤り、其の深を探らば、大道自ら坦然たらん。

（『明治文学全集33・三宅雪嶺集』筑摩書房、一九六七、146頁）

人がこの世に生まれるのは何の目的があってのことか。生まれるべくして生まれた人間として、造化の深い趣に感得して広大な乾坤に従わねばならないだろう。そうであるならば人間は、これまで様々に呼ばれてきた哲学により、乾坤の実態を極めることで、人としての生きる道も自ずから定まるものであると、哲学の意義を語っていた。

とりわけ雪嶺にとっての哲学は、すべての職業人に開かれた学としてあった。

実に哲学は所謂浩然の気を養ふ者、之を練り之を磨かば、尋常の中に寓して天地の間に塞がり、卒然として之に遇へば、王公も其の貴を失ひ、晋楚も其富を失ひ、……

（同上、148頁）

とあるように、哲学は世俗的欲望を超越して物事の本質に到達するための心の在り方を問うもので、これを体得するために努力すれば、普段の生活の中にも大自然の中でも物事の本質を見いだせるが、迂闊にしていると王公でもその社会的地位を失い、晋や楚のような国家でも富を失って国を滅ぼしてしまうと述べていたように、職業的生活者はもとより為政の掌にあるものの公正無私な心の在り方こそ哲学の本質とした。

ここに見られるように雪嶺にとっての哲学は「浩然の気を養ふ」と云うように、きわめて東洋思想的な定義を下していた。それ故、雪嶺にとっては古代ギリシア以来の自然学に発する西洋哲学の伝統と近代化に向けての哲学の体系性に対して、

夫れ思想は智情意を包括し、而して哲学は思想を開発する者なれば、素より智を研き、情に基き、意を貫く所なきを得ざるに、哲学てふ語の新に泰西より渡来せし為め、単に該博の智識を領得する事と判定せられたるは、止むを得ざることとは云へ、寔に理の妥当を失へるなり。（同上、151～152頁）

と述べるように、雪嶺にとってギリシア以来の西洋哲学と云えども一つの認識で、東西哲学は本質的に対等な関係にあり、その概念的表現において差異があるに過ぎないもので、その体系的で該博な知識の量にあるのではないとした。従って、

我国仏教にて印度に踰越し、儒教にて支那に対抗すれば、若し欧州の哲学を考究し、転じて修行の法則を完備するに於ては、哲学に関して世界の中心たるを得ん。王陽明ソクラテス其人の輩出して、一世を風靡するも、亦た茲に在らん。（同上、152頁）

わが日本こそが東西哲学の合流点としてその中心となる条件を具備し、王陽明やソクラテスに比肩する哲学者が出現する条件を備えているとした(1)。そしてその先駆的な東洋哲学の業績として、

我国人民当今こそ理論を嗜好する様に見ふれ、古来偏へに感覚的の事物を貴びて、絶へて思想を高遠に鶩《は》する莫く、菅江諸家も、徳川氏の諸儒も、多くは詩文の編作、経書の註説に従事し、経書の註説とても、主に字句を解釈し、古語を引用し、強記博覧読み得ざる無きを誇れるのみにして、強て哲学の一種を考究せし者を挙れば、伊藤仁斎を除き、僧侶の一部分と中江熊沢大塩の如く王陽明の良知学を奉ぜる徒輩に過ぎざりしならん。（同上、149頁）

我が国近世の儒学は訓詁注釈の学か詩文の学で、その中にあって一貫した理論で哲学的認識を展開したものは、わずかに伊藤仁斎と空海や道元や親鸞あたりの一部の僧侶、それに中江藤樹に始まる近世陽明学派に属するものに哲学的思索の跡があるとした。

かくして雪嶺は『哲学涓滴』において以下、ソクラテスに端を発したギリシア哲学からカントに始まる近世理性批判哲学の集大成者としてのヘーゲルに至り、西欧哲学はひとつの頂点を形成したことを述べ、さらにその批判者としてショウペンハウエルとハルトマン哲学が現われるなかで、その哲学史的展開の結語として我が国の思想史から、

儒教既に腐敗壊爛して看るに足るもの無けれども、他と親和し、一転して活々たる膚肉を被ふるに至らざるを保すべきや否や。我国儒教を伝ふる久し。仏教を伝ふるも久し。若し泰西の哲学を

注入し、混然和合して新に進化開達するに及ては、東海に於て宇内第二十世紀の哲学界を支配するを得ん。……世上の英峻豈に大坂の与力に勝る幾層倍ならざるの理あらんや。与力平八郎既に曰ふ、「宜シク堅ク心舵ヲ執リ、以テ那ゾ涯ナク底ナキノ世海ヲ渡ルベシ。風雨波瀾ヲ縫ヒ逢ヒ、庶ハクバ免レンカ、覆溺ノ害ナリ。心柁ニ問ニ之ヲ何ト謂フヤ。答テ曰ク、心舵ハ即チ良知ナリ」と。

（同上、198〜199頁。「　」内は引用者にて書き下す）

雪嶺はここで二つの重要な提言をしていた。即ち西欧思想の前で色あせたとはいえ儒教思想の可能性と西欧思想を融合させて新しい思想を構築し、わが国において二〇世紀の哲学をリードすべきであるとしたこと。それにつけ世上の儒学者のなかで、近世大坂の与力・大塩平八郎にまさる思索の跡を示したものがあっただろうかと問い、大塩思想の〈良知〉こそが心の舵を握るものとして、人間の公正な認識を支える基軸理念とすべきであるとしたことである。このように『哲学涓滴』は陽明学的良知の果たす思想的意義をもって締めくくられていたのである。

もちろん大塩の良知は雪嶺にとっては良心であり、カント的な理性でもあった。さらに雪嶺は本書の「書後に跋す」において兼好法師の『徒然草』七十九段から、

……よくわきまへたる道にはかならず口おもくとはぬかぎりはいはぬことこそいみじけれ。

（同上、199頁）

と引いていた。一体これはなにを暗喩するものであろうか。自分のよく承知している道は敢て人に語

らない、人から尋ねられるまでは本当のことは云わないものだと、なぜ雪嶺は口をつぐんだのだろうか。しかし兼好の言葉を借りてあえて語らなかった哲学こそが、雪嶺哲学の核心であった。

さて『哲学涓滴』において東洋哲学を代表するものとして王学が位置づけられていたところから、雪嶺は朱子学にかわる明代儒教思想を革新させた王陽明の哲学を述べることで、中国思想史における陽明学の意義を明らかにしようとした。まず本書において雪嶺は儒教史を概観して、

文字の源泉たる思想、亦た自ら新なる組織を要せざるべからず、之に向て幾多の人々の起るありしと雖も、王陽明の如きは、即ち実に其尤なる者と為さんか。陽明も始めは夢陽景明等と共に文場に追逐せんと試みたり、而かも遂に文辞詞章を以て甘ずること能はずして、直ちに人心の根本に向て維新の功を収めんと冀望し、是より道に志して大に稽考する所あり、敢て前代濂洛《(れんらく)》の冷灸に朶頤《(だい)》せず、進で孔孟に直接して道原を究めんと欲し、而して毎に論孟学庸を引證して、自ら依拠する所此処にありと称するも、其の解釈は明かに別に一己の組織する所にして、

(同上、274頁。引用者にて加えた読み仮名には(　)を付した。以下同じ)

とあるように、王陽明の学は詩文をはじめ訓詁注釈的な儒教は勿論のこと、前代の儒教史を革新した格物致知を説く朱子学からも自立し、儒教の原典である孔孟学から直接学ぶことで新しい知見に到達して一家をなしたことを高く評価した。そして、

久うして后ち乃ち断然として必ず孔孟の語言に泥むに及ばず、一に心に依頼して即ち理全《まった》しと信

じ、晩年良知を説くに当りては、良知を致せば人皆聖人たるべしと曰ひ、遂に新に一教理を発揮するに至り、天下を率ゐて之を自省良知の域に致し、生民尽く其処を得んことを期図して、全力を此に尽し、死に至りて是を易へず。（同上）

王陽明は孔孟の言説にも泥まず、人の心に理の宿ることから心即理説を確立し、私意私欲のない、人がもって生まれた心としての良知を体得すれば、人はみな聖人の域になるとするように、王陽明において一つの新しい儒教認識が成立したとした。かくして雪嶺は本書において王陽明の伝記的研究を通してその思想的特徴から陽明学の門流、そしてヘーゲルなど近代西洋哲学との対比や清朝治下における良知心学への政治的抑圧と清朝考証学への批判、そして最後にわが国における中江藤樹以来の近世陽明学史にふれ、その掉尾を飾った文章が、

寛政年間卒に異学の禁止あり、柴、尾藤、古賀等の門、正学の称を以て当世に標的たり、勢に就くの儒生風を望で従はざりしは莫し。……然れども公然陽明の学を掲げ、且つ一層工夫するあらんとせるは、独り平八郎の中斎ありしのみ。中斎乱を作して歿せる時、春日潜庵年二十六、其の翌年潜庵陽明文録を読み、喟然として歎じて曰く、人と為りては、当に是に至て止むべし、学を為しては当に是に至て止むべしと、乃ち鋭意良知を唱ふ、終始屯邅困頓、動もすれば咎を得しも、然るも時人多く敬畏し、西郷南洲も、弟小兵衛及び門下十余人をして就て業を受けしめにき。実に幕府藩制の衰頽せると共に、学術の拘制酷だ弛廃し、維新前身を挺して立てる者は、多く陽明

良知の学を修めり[2]、寛政異学の禁のなかにあって陽明学を哲学思想として構築したのが大塩平八郎で、その影響下に春日潜庵が出て、さらに西郷隆盛など維新に活躍した幾多の人材の輩出したことが告げられていた。朱子学的儒教が衰退するなかで、大塩によって解読された陽明学が、新しい時代を切り拓く哲学として位置づけられようとしていたのである。このように見てくると雪嶺にとっての『王陽明』はまさに自ら立脚する東洋的思想の源泉を明らかにした著作であったと云えよう[3]。

註

（1）それ故『宇宙』にはじまる雪嶺哲学は、西洋哲学の雄たるヘーゲル哲学をモデルに東西哲学を統合する試みとして構想されたものである。

（2）同上、313頁。なお雪嶺のこのような見解に対して宮城公子「大塩中斎の思想」（『日本の名著27・大塩中斎・佐藤一斎』中央公論社、一九八四）において、大塩思想が明治維新に影響を与えなかっただけでなく「大塩の太虚の説は、もはや迂遠な無用の論となった」と述べているのは公正な評価ではない。

（3）ちなみに鹿野政直は「ナショナリストたちの肖像」（『日本の名著37・陸羯南・三宅雪嶺』中央公論社、一九八四所収）において「東洋哲学を顕彰しようとする意志にもとづいていた」（47頁）と述べていたが、雪嶺の意図は自らの思想的基盤を明らかにするものであったと云うべきである。

6、雪嶺哲学の構想

雪嶺哲学の構築に先立つ先駆的著作を承け、いよいよ雪嶺自身の哲学を語ったものが『我観小景』(明治二五年〈一八九二〉)であった。雪嶺はその緒言の冒頭で、

余は哲学に関して未だ一たびも私見を開陳せしことあらざるなり。

(『近代日本思想大系5・三宅雪嶺集』筑摩書房、一九七五、3頁)

と述べたように、ヘーゲル哲学など自ら受けた思想的影響のもとで、この時から自らの哲学構想を語り始めた。それでは雪嶺の哲学とは如何なるものであったのか、雪嶺が緒言においてまず取り上げたのは、哲学そのものの概念規定についてであった。

すでに西欧においてはギリシア以来、哲学用語はそれぞれの思想家が一家言を立てる手段として、自らの体験的認識を概念化してきた。また中国ではそれを性理とか致知と云ってきたが、それも哲学に類するものであった。従って哲学の名で包括された思想内容は複雑多義で、簡潔な定義を与えるこ

とは困難であった。そこで哲学導入期の我が国で行なわれた、西洋的知見を加味した学会的定義として、

哲学ナル者ハ、思想ノ原則、事物ノ原理ヲ論究スル所以ノ学也。是故ニ思想ノ及ブ所、事物ノ存スル所、哲学ノ関ラザル莫シ。心理ノ原則ヲ定ムル者ハ、是レ心理哲学ト為ス。論理ノ原則ヲ定ムル者ハ、是レ論理哲学ト為ス。……夫レ百科ノ理学トトモニ、亦タ各々哲学ノ道理ニ基キ、哲学ノ法則ニ由ラザル莫シ。故ニ先輩、哲学ヲ称シテ諸学ノ原理・原則ヲ論定スルノ学ト云フ。而シテ又、哲学中ニ於テ、特ニ原理ノ原理・原則ノ原則ヲ論究スル所ノ大宗学有リ、之ヲ名ヅケテ純正哲学ト曰フ也。（同上、9頁）

と説明されていた。それに対して雪嶺は即座に、

何ぞ其の言の茫として捕捉すべからざるや。（同上）

と註記していたように、雪嶺にとってこのような西洋流の概念規定は堂々めぐりの哲学の本質を誤まらせるものであった。そこから、

夫れ哲学なる者は、かの諸学科の中に在て、由来最も尚しき名辞の一なり、斯の学を為す者、古今千百、各々自ら定義を立て、其の甚だ衆くして互に異なるや、牴牾撞着、間々亦少からざるも、総べて而して之を通観するに、自から一貫の義存するを見ずんばあらず。（同上、12頁）

哲学の定義は互いに異なり矛盾する所があるが、それぞれ一貫の義が貫かれているところに特徴があ

り、別言すれば、

哲学は知る所の全体を統合するの謂なり。（同上、13頁）

とするのが雪嶺の哲学観であった。このように認識を統合する知の言説をもって哲学とするもので、それは外来文化としての哲学概念から抜け出す、二〇世紀に向けた哲学の在り方を示唆するものであった。

当然、自からの哲学を構築するための論理学として、雪嶺のとった方法は、既知から未知へと認識を拡大する類推法であった。

夫れ知識の漸やく拡まるは、其の既に知る所より、以て其の未だ知らざる所に及ぼすなり、而してその進むや、寧ろ類推の法に由らんか。（同上、18頁）

と述べるように、雪嶺の『論理学』では演繹的論理が重視されていた。

とりわけ人間認識に影響を及ぼす物・事象は身体性と深く関わるところから、

然り而して其の相関する有る所無量の物は、彼れ皆身外に在る也、啻に身体と相距ること遼漠なる、空に麗《かがや》く日月星辰の若きのみならず、乃ち衣食住の由て成る所、乃ち衣や、食や、住や其の物に至るまで、一として身体と相離れて存せざるなし、（同上、20頁）

と述べるように物事は身体的活動を媒介にして認識するものとされていた。それに対して今一つは、

蓋し人の智識、厖雑多方なりと雖も、其の心に在て、独り自ら知りて、物の拘牽を受けざる者、

夢幻に若《し》くなき也、（同上）

と述べるように、身体的活動を媒介としない心の働きとしての夢幻に比較し得るものはない、と云うのである。

ところで夢幻と云う観念は人間の認識として果たして身体的媒介に見られる認識方法と比して有効適切なる認識たり得るのかについて、

夢幻の不稽（引用者註、考えられないこと）なる者と判定せられたるや久し、（同上）

とあるように、夢幻は矛盾に満ちた隠れた意識形態であるところから、

夢幻は脈絡貫通なく、前想後想、全然湊合を欠きて、尽く矛盾す。（同上、22頁）

と認識された人間の潜在的な矛盾に満ちた意識形態とした。それに対して覚醒下における認識にあっても、

物一なれば認識すべからず、認識すべきは差別すべき者あればなり、差別とは寧ろ矛盾の謂なり。老子夙に有無相生じ、難易相成すと言へり、……後には則ち更に言ふ者あり、物の関係、啻に矛盾を以てするのみならず、物の相結ぶや必ず彼此相反する者たり、相反し、而して後相結ぶ、既に結で一となれば、則ち更に之と背反する者出で、而して更に新たに相結ぶと。フォヒテよりヘーゲルに至り、盛に此説を主張し、所有万象の成る、皆此の法則に由ると為す、（同上、29頁）

人間の認識が究極的には矛盾から生ずるとするヘーゲル的思考と老子の志向との一致に見られるよう

に、雪嶺はここで夢幻と身体的認識との差異のないことを論証しようとしていた。

雪嶺の立脚する人間の直接的認識としての身体的方法と夢幻を媒介とする認識方法については『洗心洞箚記』一八条の、孟子の言としてある「万物は皆我に備はる」にみられるように、認識主体としての我の身体性のなかに存在することと符合している。また夢幻が外部の影響を受けないの意であるならば、身中の虚である大塩の云う太虚に照応している。但し潜在意識の意であるならば大塩思想にそれに相当するものはない。いずれにしても身体性のなかに対象となる事物が包含されているとする点では、大塩の認識論と共通するものであった。たとえば、

彼の満天無数の列星より、あらゆる万有を包括せる斯の大宇宙は、亦実に絶大の機関を形成し、而して亦実に絶大の心意を具備する也。（同上、44頁）

と云い、

宇宙に智力あり焉。夫れ能く道理に通じ、能く道理に従ひ、能く道理に忤《さから》はざる、是を人に智力ありとは謂ふ也。（同上、45頁）

と宇宙も人間と均しい有機的な身体的組織と認識し、そこに人間と均しい心意を認める認識は、まぎれもなく宇宙に心意を認めた、大塩思想に云う心中の虚に対する心外の太虚に対応するものであった。

ところで明治二六年（一八九三）二月の『六合雑誌』上に於いて良心の哲学を主張した大西祝（元治元年~明治三二年〈一八六四~一八九九〉）が、

兎に角夢を覚醒よりも直接に知れるものとし、又身体を内部から知れるものとして、之を類推の起点とする訳がない、三宅君の論は出立の点に於て早や間違つて居る。

（『大西博士全集第七巻』警醒社、一九〇四、117頁）

と、その方法論が知識学上の論議に欠けた大雑把な論議として批判を受けていた。しかし大西の批判は近代西洋哲学の概念上からみたもので、雪嶺の東洋思想から見た視点とはあい入れないところがあり、雪嶺の視点がすべて誤りと云うことではなかった。

例えば夢幻を人間認識の根源的な意識とする方法論は、フロイト（一八五六〜一九三九）の無意識の発見に先立つ先駆的な視点でもあり、またデカルト的な二元論的実証主義を克服する新しい知の探究とも云うべきものであった。

雪嶺がこのように夢幻を人間認識の根源に据えた背景には、やはり東洋的知が継承されていたからである。ちなみに我が国中世に起こった能楽の世界では、死者と対話する幽玄の世界がそこに展開されていることから見ても、あながち夢幻の世界を捉えどころのない意識と断定することは出来ない。要するに人間認識が相克する矛盾の上にあることを説き、物に係わる認識は身体性を媒介にして類推し、事に係わる認識は夢幻に象徴される外部から影響を受けない心中の作用とみたのであろう。

雪嶺がこのように人間を取り巻く事物を観察するなかで、人間は死によりその生命を失う中で、しからばこれら地上的事物を包含する宇宙を如何に認識するかが問われることになった。

憂ひて而して死を免る者あるなし。然れども無辺際の宇宙も亦果して身体の如き運命を有せざる耶。仰ぎ瞻《み》れば、群星燦たり、宇宙は果して身体よりも霊妙にして、寧ろ絶大なる動物と為すべきに非ざる耶。（前出『近代日本思想大系5・三宅雪嶺集』38頁）

雪嶺は自問自答しながらも宇宙も身体と均しく有機的組織と認識した。そして人を小宇宙とすれば天空は大宇宙であった。しかもその大宇宙に人と同じように心意があるとしたのが大塩の大虚観(1)を継承する雪嶺の宇宙観であった。

ところでこれらの宇宙上の存在はみな滅に赴く性を備えるもので、群星と云えどもその例外ではなかった。その勢力は永遠無為ではなかった。漸次形を失い最後は空の空、虚の虚に帰してしまうとした。

物体の形質漸く形質を絶ち、歩々意識の及ぶべからざる境に抵らんとす、……人の此世に於て知る所極めて鮮し、而して遂に知るべからざる者あり、其知る所の者、唯僅かに道理上此の如くならざるべからずと云ふ境に留まる耳、我が観る所は、我が観ざる所の明晰なるにあらずんば明晰なるべからず、而して我が観ざる処は遂に明晰なることを得るに由なし。夫れ若しくば死に至りて希くば事体の完成を得ん歟。（同上、50～51頁）

と述べるように、人知の限界のあることを雪嶺は強く自覚した。しかし雪嶺は不可知論者ではなかった。『我観小景』の結論として述べたことは、所有万象、其の皆生あり、心霊あるを知るや、仰で天の蒼々たる、日月星辰の此に麗くを観、木石非情の物を操持転動す、冷然として曾て情之と相感ずることあらずとするも、其の実は徒らに此の如き而已《のみ》にあらずして、適《まさ》に非常至霊の活気を暢発し、大生理を経営する、大動物の作用を見、而して日々に其の霊活の動作と相接するとする所以を明覈《めいかく》（引用者註、明かに調べること）する、之を名けて哲学と謂ふ。哲学なる者は、我の知る所を挙て、我と均しき生霊あるの体となし、以て其の知を統括して遺《あま》すなからしむ所以、（同上、56頁）

すべての現象にはそれぞれの生命が備わり、そこに心の不思議な働きを認識するとき、日月星辰から木石まで、かつてはこれらと心を通わすことはないとしたが、実はそうではなくて人間の優れた心の働きを発揮すれば、日々人と共に万物も、その生存する原理に従う大きな生命体の働きであることを認識するのが哲学である。

哲学なるものは我の知るところから、認識対象を我と同様の生命力のある実体として、其の知を取りまとめて類推することである。およそ雪嶺は自然界の万象に生命力を認め、そこに心が宿る実体として認識する、きわめて東洋的有機体論にたつ認識論を展開することで不可知論を克復していた。『我観小景』はこの意味からも雪嶺哲学の認識主観の形成史であり、ヘーゲル流にいえば『精神現象学』の序章を構成するものであった。

さてこのような雪嶺哲学について、これまで東京大学時代にフェノロサや外山正一などから学んだスペンサー流の社会進化論からする有機体説（中野目徹『政教社の研究』思文閣出版、一九九三、80〜81頁。船山信一『明治哲学史研究』ミネルヴァ書房、一九五九、78〜79頁、129頁）の影響とされてきた。しかし雪嶺哲学の有機体論はスペンサーの影響からであったのであろうか。

雪嶺は『哲学涓滴』において西欧近世哲学が独断論から懐疑論を経て、カントに始まる理性批判の哲学を大成したヘーゲル哲学体系において西洋哲学の頂点を見た。それ故、詳細にわたりヘーゲル哲学の形成に即してその全体像を紹介していたように、ヘーゲル哲学の思想史上の意義をよく理解していた。

それに対してスペンサーについては総合的哲学の形成者と紹介しているが、ヘーゲル哲学ほどの関心は示されていなかった(2)。

なにより雪嶺の認識論も老子を媒介にしたヘーゲル的な矛盾論を受容していように、『宇宙』に見られた自然の生命力からする有機体的認識は、『精神現象学』などによるヘーゲル的な有機体論の影響と見るべきではなかろうか(3)。

明治三九年（一九〇六）以来「原生界と副生界」（後に『宇宙』と改題）に始まり、「東西美術の関係」「学術上の東洋西洋」「東洋教政対西洋教政」「人類生活の状態」そして「同時代観」（後に『同時代史』と改題）に至る雪嶺の一連の著作活動は、明らかにこのヘーゲル哲学体系構想に対応するものであった。そして『哲学涓滴』最終章の自負と書後の跋文に見られた兼好法師の言葉こそが、雪嶺のヘーゲル哲学に対応する東洋的哲学体系構想化への宣言であり、それはまた雪嶺哲学の原点としてあった良知と太虚の哲学者としての大塩思想を継承することを示唆するものであった。

註

（1）拙稿「大塩思想における大虚論―その歴史的意義―」『大塩思想の可能性』和泉書院所収を参照。

（2）雪嶺は『宇宙』において「今日何の哲学か科学の如く後人の手を仮りて益々発達すべしとして許さる丶か、コムト及びスペンサーの哲学は多くの独逸哲学者の目して哲学にあらずと為す所のもの、されどドイツ哲学の粋たるヘーゲルの如き、ショウペンハウエルの如き、果して真を得たるかと問へば、何人も然りと答へず」（前出『現代日本文学全集第五篇・三宅雪嶺集』54頁）と述べるように、スペンサーについてはそれほど評価していない。もちろんヘーゲルについても絶対視するものではなかったが、近代西欧哲学の頂点に立つものとしていた。

（3）三木清「有機体説と弁証法」『社会科学の予備概念』所収『三木清全集3巻』310頁、及び『歴史哲学』『三木清全集六巻』128頁以下参照。

7、雪嶺哲学とヘーゲル哲学体系

雪嶺哲学は『我観小景』をうけた『宇宙』（明治四二年〈一九〇九〉）に至って、その全体像を明らかにした。『宇宙』はすでに明治三九年（一九〇六）から雑誌『日本人』に「原生界と副生界」と題して執筆された壮大な宇宙論的哲学であった。本書において雪嶺が追求したものは、

人は万有の錯雑して其間連絡の絶ゆるに安んずる能はず、何等か一以て之を貫かんことを欲して已《や》まず。……通行に道路を要すると均しく、知識に体系を要し、体系の体系を要す。万象渾《こん》一の観念が諸科学に何の益するあらざるも、之れ無くんば安《やす》んぜず、之れ有るがために、自《おのづか》ら満足し得ること少《すくな》からず。（「宇宙」『現代日本文学全集第五篇・三宅雪嶺集』53頁）

哲学は知識の統一を求め知識の体系化を追求する学として、雪嶺は万象渾一の観念にそれを求めた。森羅万象が溶け合って一つになる観念の追求が課題であった。そこで人や地上のすべてのものを作り出しそれを包含する、太陽を軸とした天空に広がる世界こそが宇宙と称される実体であった。そして

雪嶺はこの宇宙を太初より存在して活動を続ける、生命力ある有機体として認識した。

　この宇宙こそが万象渾一の観念として存在する根源的な世界であるところから、〈原生界〉と名づけられ、この宇宙の影響を受け、そこから派生した地球上の人間をはじめとする動植物を〈副生界〉とした。このように生物は宇宙の進化に伴なって出現した大宇宙のなかの小部分として存在するものであった。

　副生界では動植物の進化の過程を述べた最後に人類が取り上げられ、人類社会が家族的段階から国家的段階、そして国際的段階へと生存競争を経て発展する状況を述べた人間社会の項が終わると、人間の身体的な意識の形成が取り上げられた。このように見てくると『宇宙』は人間の生命を生み出す有機体としての宇宙認識を起点に、人間の認識能力とその方法を論じたものであった。

　まずその前半ではカントの『純粋理性批判』に見られる宇宙論的認識の可能性とその認識方法を論じた科学的認識論をふまえて、雪嶺も宇宙に有機体的生命力を立証し、そこから後半に人間の意識としての認識能力を明らかにすることで、ヘーゲルの『精神現象学』に対応する意識の現象形態を論じていたことが分かる。両者の問題意識を知るためにそれぞれの目次を比較してみると、

雪嶺『宇宙』
（雪嶺選書刊行会版の目次より。但し『精神現

ヘーゲル『精神の現象学』
（岩波版『ヘーゲル全集』四・五巻、各目次より）

序文　学的認識について
緒論
(A)　意識
Ⅰ　感覚的確信、或はこのものと私念
Ⅱ　知覚、或は物と錯覚
Ⅲ　力と悟性、現象と超感覚的世界
(B)　自己意識
Ⅳ　自分自身だという確信の真理
1先行形態と自己意識　2生命　3自我と欲望
A　自己意識の自立性と非自立性、「主」であることと「奴」であること
B　自己意識の自由、ストア主義とスケプシス主義と不幸な意識
(C)　理性
Ⅴ　理性の確信と真理

象学』との対比では本文中に引用した『現代日本文学全集』改造社版の目次より明確なのでこちらを利用した）

序
凡例
第一篇　宇宙の見方
第一章　観察と推理と、第二章　科学、第三章　哲学、第四章　時代と国情と、第五章　印度哲学と独逸哲学と、第六章　独逸哲学と英国哲学と、第七章　半途の宇宙観、第八章　理想の宇宙観
第二篇　生物の主体
第一章　空間と時間と、第二章　可知的の宇宙、第三章　宇宙の秩序、第四章　有機体説の変遷、第五章　生物、第六章　生命と力と機関と、第七章　力の変化、第八章　宇宙の活動、第九章　宇宙の発達、第十章　星系、第十一章　無光星、第十二章　有光星、第十三章　彗星と流星と、第十四章　星霧、第十五章　地球と月と
第三篇　宇宙の寄生物
第一章　両生界の関係、

A　観察する理性
a　自然の観察
b　自己意識をその純粋態において、またその外的現実への関係において観察すること、論理学的法則と心理学的法則
c　自己意識が自分の直接的な現実に対してもつ関係の観察、人相術と頭蓋論
B　理性的な自己意識の己れ自身を介する現実化
a　快楽《けらく》と必然《さだめ》性
b　心胸《むね》の法則《のり》と自負の錯乱
c　徳と世路
C　即自且つ対自的に実在的であることを自覚している個体性
a　精神的な動物の国と欺瞞、或は事そのもの
b　立法的理性
c　査法的理性
Ⅵ　精神
A　真実な精神　人倫
a　人倫的世界　人間のおきてと神々のおきて男性と女性

第二章　生物の発現、
第三章　他星上の生物、
第四章　元素の循環的変化、
第五章　植物、
第六章　他星の植物、
第七章　植物と動物の区別、
第八章　植物と動物との関聯、
第九章　動物、
第十章　動物体の構造、
第十一章　脊椎類、
第十二章　人類、
第十三章　社会、
第十四章　人類の社会、
第十五章　超人

第四篇　心の働き

第一章　意識、
第二章　認識論の歴史、
第三章　認識の本質、

b　人倫的行為　人知と神知　責めと運命
c　法的状態
B　自己疎外的精神　教養
Ⅰ　自己疎外的精神の世界
a　教養と現実の国
b　信仰と純粋透見
Ⅱ　啓蒙
a　啓蒙と迷信との戦い
b　啓蒙の真理
Ⅲ　絶対自由と恐怖
C　自己確信的精神
a　道徳的世界観
b　ずらかし
c　良心　美醜と悪と赦し
Ⅶ　宗教
A　自然宗教
a　光
b　植物と動物
c　工匠
B　芸術宗教

第四章　知識の拡充、
第五章　科学の傾向、
第六章　物理学と化学と、
第七章　自然科学と精神科学と、
第八章　疑惑と信仰と、
第九章　宗教の傾向、
第十章　当代の宗教、
第十一章　宗教と科学と哲学と

第五篇　実際（渾一観）

第一章　智、
第二章　生死、
第三章　情、
第四章　快美、
第五章　意、

a　抽象的芸術品
b　生ける芸術品
c　精神的芸術品
C　啓示宗教
Ⅷ　絶対知

第六章　目的、
第七章　無限の連続、
第八章　知識、
第九章　芸術、
第十章　道徳、
第十一章　真善美、
第十二章　現在の宇宙観

ヘーゲルがもっぱら日常的な経験から出発して概念の形成に及ぶ人間認識の論理を明らかにすることで、人間精神の現われ方を解明しようとしたのに対して、雪嶺においては宇宙を有機体として認識することで、人間の身体的機能との共通から万有を貫く「渾一観」に到達した。そこでは宇宙が人間の知能・感能・意能、即ち知情意に相当するものを具備するものとして雪嶺はその論証につとめた。

例えば「知能と宇宙」の関係を論じるなかで、

若し生物を生物として死物より区別するならば、宇宙全体を如何に観るべきか、普通に生物と名づくる所と形質を異にするの甚しく、遽かに生物とするの困難なるも、さりとて直ちに以て死物とするは更に当を失ふ。断じて生物と同列にし得ずんば、寧ろ生物の上に置くべし、決して其の下《しも》に置くべからず。実に考ふるに従て生物を超越する生物たるの明白を覚え、如何にするも死物

とするを得ず。（同上、183頁）

と述べるように、宇宙を生物、もしくは生物以上の存在として認識していたことが窺える。

このような認識に立って雪嶺は人間が形成する科学を述べ宗教を論じ、ヘーゲルの『精神現象学』で取り上げられた絶対知を目指す精神の諸段階がヘーゲル哲学体系として個別に展開されたように、雪嶺もそれに対応して東西の知を駆使して宇宙における意識のなりたちを明らかにしようとした。

ところで雪嶺はこのような人間の心意と宇宙を結びつける着想をどこから示唆されたのであろうか。それについては残念ながらこれまでは全く問題にもされなかった。しかし雪嶺の宇宙観を見た時、それは大塩陽明学の基軸概念であった太虚の思想を除外しては考えられない。

ちなみにヘーゲルは自然を人間の他者性に於いてとらえたが、自然と人間を対立的に見る西欧的認識論は雪嶺の採る所ではなかった。

人間の心中の虚と天空をおおう宇宙の公正無私な存在性を太虚とすることで、人心と太虚を一体のものとした大塩陽明学こそ、雪嶺の宇宙観を貫くものであった。この太虚がもたらす人間認識が良知であった。雪嶺の宇宙はその意味からも大塩の太虚そのものであった。それ故、雪嶺は近代哲学の批判に耐えるように太虚を宇宙と読み替えた。また陽明学の天地万物一体之仁は、万物を生命ある存在として慈しみあう関係性を構築する倫理であったが、それを万象渾一観の哲学として生命の有機体的一体性を論証したところである。そこから人の生死もこの宇宙が深く関与するなかで、有機体としての宇宙から見て真とすべきもの美とすべきもの、そして善とすべきものを実現することをもって人間の在り方とした。

この雪嶺における精神現象学としての『宇宙』にはじまり、ヘーゲルのエンチクロペディーを起点とする哲学体系に対応して構想されたものが雑誌『日本及日本人』に発表された「東西美術の関係」（明治四一～四四年）であり、「学術上の東洋西洋」（明治四四～大正三年）「東洋教政対西洋教政」（大正四～八年）「人類生活の状態」（大正九～一四年）及び「同時代史」（大正一五～昭和二〇年、雑誌『我観』掲載時の題名は「同時代観」）であった(1)。

そこで雪嶺の自然科学観を述べた『学術上の東洋西洋』を見たとき、その方法論的相違にもかかわらず、明らかにヘーゲルの『自然哲学』を前提にしていたことが、両者を比較してみると一目瞭然に浮び上がってくる。

雪嶺『学術上の東洋西洋』（実業之世界社刊、目次より）

動物の知識
歴史の外・歴史の初め
物質の成分・非物質

ヘーゲル『自然哲学』（岩波版『ヘーゲル全集』二巻、目次より）

緒論
自然の考察方法
自然の概念
区分

第1部　力学
A　空間と時間
a空間
b時間
c場所と運動
B　物質と運動有限的な力学
a慣性的物質
b衝突
c落下
C　絶対的な力学
第2部　物理学
A　普遍的な個体制の物理学
a自由な物理的物体
α光
β対立の天体
γ個体性をもつ天体
b元素
α空気
β対立の元素
γ個体的元素

力
空間時間
量及算
数位
数号
形号
尺度
容積重量
歴時

数学の認識
幾何学
代数学
数学家（上中下）
天体
天の観念
天と地
太陽
太陰
星

σ元素的な過程
B　特殊な個体性の物理学
a比重
b凝集状態
c響
d熱
C　統合された個体性の物理学
a形態
b個体的な物体の特殊化
α光との関係
β特殊的な物体性の側にある区別
γ特殊的な個体制の統合―電気
D　化学的な過程
a合一
αガルヴァーニ電気
β火の過程
γ中和化・水の過程
σ統合された過程
b分離
第3部　有機体の物理学

星占
星学（上下）
星学家
地の知識
土と水
大陸及び島
海洋及び湖河
丘山の類
平原の類
地図
地誌
探検
地学家
博物の意義
鉱物
精錬術

生物・生物の研究

A　地質学的な自然
B　植物的な自然
C　動物の有機体
　a形態
　b同化
　c類の過程
　　α類と種
　　β性関係
　　γ個体の病気
　　σ個体のおのずからなる死

植物の知識・植物の分類・植物の命名・植物の形態
動物の知識・動物の分類・動物の命名・動物の形態
博物学家（上下）
医の意義・病と療・病の原因・病の診断
生理解剖（上中下）
衛生（上下）
治療（一～八）
医学家（一～六）
総括
まず冒頭で、ヘーゲルは自らの『自然哲学』に関する方法論として、人間の他在としての自然の在り方を前提に、自然を円環的な対象認識の一環としてとらえていた。この自然認識の考察法として、自然とは何かを観察による自然認識と概念的方法としての自然哲学で接近することを示していた。

これに対して雪嶺は、

学術は自ら理解し、人の理解するやう特別の知識に順序立てたる者にして、
（『学術上の東洋西洋（上）』1頁）

と述べるように、動物から進化を遂げた人間として動物にどれだけ知識があったか否かを起点に、人

類の知的営みも自然認識の蓄積の上に発展してきたことから、人間から見た自然との関係を明らかにしようとしたのが万有哲学としての『学術上の東洋西洋』が目指すものであった。

続いて自然の「区分」に関してヘーゲルは無限の個別化としてとらえるのに対して雪嶺は、「物質の成分」として陰陽五行説とギリシアの地・水・火・空気四元素説を並べてその特徴を比較し、

支那の五行と希臘の四元素と各々特別の理の存し、自然界に於ける分類よりせば、希臘を以て優れりとすべく、即ち空気と水と地と、後世称して気体と液体と固体とするに当り、五行は科学の歴史に与かること極めて少し。されど五行は普通の人事に適応せるが為め、支那に於て往々理論の根拠を形づくり、社会万般の事に応用せらるゝに至れり。（同上、35～36頁）

とあるように、ヘーゲルの『自然哲学』に対応させて物質観の相違を述べ、さらに物質に対する認識が身体を媒介とするものであるのに対して、いまひとつ霊魂・精神などの非物質的存在について問題提起をしていた。

ヘーゲルの『自然哲学』第1部ではすべての物体に備わる、変化し移動する根源的な作用としての「力学」が論じられ、力学の対象が空間と時間に於いて措定された場所で現象するとした。これに対し雪嶺はもっぱら東洋的視点から気と力についての文献学的対応を試みた。

支那は気と力とを幷はせ言ひ、気の何たるか、力の何たるかを明らかにせず、明らかにせずして自ら満足せる状あるが、欧洲は後世意義を厳密にし、力に関せる種々の語を差別し、同一の語も

科学用と普通用との別あり、……支那の謂ゆる力は余りに茫漠に失し、定義を与ふるの困難なれど、中に幾分の共通点あるを許すべし。　（同上、57頁）

とその特徴を述べたように、ここでもヘーゲルの『自然哲学』が意識されていた。『自然哲学』第2部では物理・化学的諸現象について、その現象形態の変化が論じられていたのに対して、雪嶺はここでは数学と幾何学による自然認識への方法を論じ、物理化学的現象については立ち入ることをしなかった。しかしヘーゲルの物理学的な天体現象に関しては、雪嶺も東洋的天体観や星学などについてきわめて緻密な論を展開していた。

『自然哲学』第3部、有機体の物理学では、地質・植物的自然から有機体としての動物の諸特性が論じられていたのに対して、雪嶺も東洋的知見に立って本草学に端を発する実用の学としての博物学的観点から植物動物の諸相について論じた。そして最後に人間の生死にかかわる医学に及んでいた。

もちろん『自然哲学』では人の健康を有機的な自己の現存在との均衡状態としてとらえ、従って病気は高齢や疫病など有機体としての人体への刺激と影響のもとに発生するものとして捉えられていた。ヘーゲルの他在としての自然観に対して雪嶺にとっての自然は、それにもかかわらず人間の生命とのかかわりに於いて一体化するものであったことが示されていたと云えよう。

以上に見られるように雪嶺の『学術上の東洋西洋』は、限りなくヘーゲルの『自然哲学』を念頭におきながらも、人間の自然認識の足跡を具体的な人間認識の階梯として位置づけるものであった。その内容は自然を人間の他者性においてみるヘーゲルの抽象的な弁証法的分析に対して、雪嶺はあくまでも具体的に自然と人間を連続的一体のものとしてとらえる東洋的自然観を以てした。それは大自然としてある宇宙から眺め、その下に存在する植物・動物を経て人間に至る連続した有機的な万物の一体関係であった。それ故、それぞれの時代において人間に開示されてきた探求の足跡こそ、人間の優れた〈真〉として、洋の東西を超えてその科学的共通性を論証するものであった。

雪嶺はヘーゲル哲学体系にみられる対象認識の方法として、論理学に始まり、他在としての自然、自在としての社会、そして両者を統合する絶対精神へと昇華する発展過程については、有効な方法として受容した。しかし対象とする分野については雪嶺独自の視点から論を展開した。

註

（1）例えば船山信一は「『我観小景』→『宇宙』はまことに明治哲学が産んだ最も壮大な哲学体系である。……コントやスペンサーの「総合哲学」よりもはるかに規模が壮大であり、我々はそこにやはり西洋哲学中においてはショーペンハウエル及びヘーゲルの哲学体系、とくに後者の自然哲学（三宅はこれを万有哲学と呼んでいる）及び精神哲学の影響を見るであろう」（『明治哲学史研究』ミネルヴァ書房、一九五九、122〜123頁）と述べている。

8、哲学体系をめぐる人間観の相克

自然の法則を対象にした『自然哲学』に対してヘーゲルは家族・市民社会を貫く社会的法則を『法の哲学』に於いて明らかにしたところである。それに対して雪嶺は『東洋教政対西洋教政』において人倫社会の意味を問い直した。

西欧的市民社会における主体的な市民権は所有権の保障に端を発していた。それは自らの努力によって手に入れた物を占有する権利を物権として保障されることから、近代社会における人倫関係も成立した。それ故、ヘーゲルは所有権から近代社会を読み解いたのである。

それに対して雪嶺は、法の支配の前に人倫的道徳による人間関係の存在性を重視したのである。そこで雪嶺は東西の人びとが政治の手段として形成した、「政教」を比較することで『法の哲学』に対抗しようとした。

人生は如何なる者なるか、社会は如何なる者なるか、我が知る限りを詳かにするも、他の異なる社会より観て全く誤れりとすること無きを保せず。……自然科学の如く普遍性を期すべからず。普遍性なるあれば、極めて抽象的なる者にして、具体的に傾くに従て差点を増加す。倫理に差違あり、教育宗教に多くの差違あり、法律政治等に至りて益々然り。

（『東洋教政対西洋教政（上）』実業之世界社、一九五六、3～4頁）

人間社会は地域や国土や民族を異にすれば、そこでの風俗慣習を他者の目で見た場合は、自然科学に見られる普遍性は社会的慣習にかかわる道徳や法にはみとめられない。たとえ普遍性があってもきわめて抽象的で、具体的になればなるほど差異化が目立ち、倫理・道徳において差異があり、それが教育・宗教になると更に多くの差異が認められ、法律・政治に至っては歴然たる差異となって立ち現われるものであると指摘した。

ところで雪嶺の生きた一九世紀末から二〇世紀初頭の学問分類において、自然科学に対して人間とその社会を扱う学問領域を精神科学と称していた。そこから、

精神科学は大別して教的及び政的とす。共に目的は人を治むるに在り。教的の主なるは倫理及び教育にして、教と政の中間なるは宗教、而して政的の主なるは法律及び政治なり。……教及び政は共に人を治むるを目的とし、或は相ひ合ひ、或は相ひ離るゝが、其の主要なる差違は制裁の如何に在り。教の制裁は心よりし、即ち謂ゆる良心の苛責よります。政の制裁は体よりし、即ち謂ゆる体刑よります。

（同上、5頁）

精神科学は倫理や教育を対象とする教的分野と政治や法律を扱う政的分野に大別される。宗教はこの両者の中間に位置づけられるものであるとした。そして教と政の基本的相違点はその制裁行為の有無にあるとした。即ち教の制裁は人の良心に問うものであり、政の制裁は人の肉体に苦痛を加えるものであった。

ここから雪嶺はヘーゲルの『法の哲学』が政の基盤をなす市民社会を対象とする法の実態に迫るのに対して、東洋の伝統的な教を軸とした政治社会の在り方をもってした。このように法治主義の西洋政治観に対して徳治主義の東洋政治観の意義を述べることで、どちらが民にとって善なる政治形態であるのか、その政治の内実に迫ることで東西政治の特徴を探ろうとしたものが『東洋教政対西洋教政』であった。

雪嶺はすでに「人生の両極」において資本主義的発展のなかで個人が国家の利害から排除されている実態を観察し、

其の漸く泰平に帰し法律の能く衆を制裁するに及て、位ある者、富める者は之に因りて己を保障するの具を得、位なき者、貧しき者は己を高むるの機なくして、却て干犯すべからざるの銜勒を加へらる。……此の如くにして器機の進運は貧富の懸隔を作し、而して法律の構成は富者を保障して貧者を勒制す、一面は因りて進歩と観るべしと雖も、他の一面は毫も其の旧観を替へず、之れ焉ぞ視て以て社会全体の進歩と為すことを得んや。

（「人生の両極」前出『近代日本思想大系5・三宅雪嶺集』59頁）

と述べるように、所有権と云う欲望の体系に対応する近代法の限界を指摘していた。(1) それ故、西欧的な身体的加罰による法の政治の在り方に対して、東洋的な人間の心に訴える道徳的政治を今一つの政治の可能性として対置したのである。

そこでヘーゲル『法の哲学』を軸に『東洋教政対西洋教政』を対比してみると、

ヘーゲル『法の哲学』（岩波版『ヘーゲル全集』九巻、目次より）

序言
緒言
区分
第一部　抽象法
　第一章　所有
　　A　占有所得
　　B　物件の使用
　　C　所有物の放棄
　　　所有から契約への移行

雪嶺『東洋教政対西洋教政』（実業之世界社刊、目次より）

教政の意義
教の起源
哲学的
「道」と「理」
「道」と「徳」
「徳」の分類
至善及中庸
道徳の質
普遍的道徳

第二章　契約
第三章　不法
A　犯意のない不法
B　詐欺
C　強制の犯罪
法から道徳への移行
第二部　道徳
第一章　故意と責任
第二章　意図と利福
第三章　善と良心
道徳から人倫への移行
第三部　人倫
第一章　家族
A　婚姻
B　家族の財産
C　子どもの教育と家族の解体
家族の市民社会への移行
第二章　市民社会
A　欲求の体系
a　欲求および満足の様式

愛国的道徳
国際的道徳
理想の世
倫理説（上中下）
倫理と教育
教育の傾向
最初の体育
心育
書籍、経典、史伝、他の書籍
師弟、学校、教育説（上中下）
教育と宗教
宗教の範囲
霊魂
神
神と聖
教義（一世二世三世と禍福、安心及び希望、自力他力、偶像、神秘）

b　労働の様式
c　資産
B　司法
a　法律としての法
b　法律の定在
c　裁判
C　経済行政と職業団体
a　経済行政
b　職業団体
第三章　国家
A　区内法
1　国内体制
a　君主権
b　統治権
c　立法権
2　対外主権
B　国際法
C　世界史

儀礼（礼拝場、祭礼、供物、器物、工芸、文学）
宗教職（上中下）
宗教と政治

政の起源
国家（家と国、国と列国）
政体（王覇と三政体、共和政体）
君と臣と民
人民の階級（上流と下流、中流）
政府（首長、輔佐、官職、中央と地方）

以上のように雪嶺はヘーゲルの客観的精神としての『法の哲学』と対比させ、東西教政の歴史をたどりながら儒教的倫理の客観的意義即ち〈善〉とは何かを明らかにしようとするものであった。

このような比較思想史的な視点はさらに、ヘーゲルの『精神哲学』に対する『人類生活の状態』においても同じように展開された。即ち自己の他在から自己自身に復帰する理念としての、人間理性にとって絶対的なもの、無限なものを精神のなかに見いだそうとしたヘーゲル的人間観に対して、具体的な人間の身体的な五感を媒介とする認識として、衣食住にかかわる人類生活の可能性の追求こそが、人間存在の根源的意義であることを論証したのが『人類生活の状態』における雪嶺の立場であった。それは宇宙に心意を認めるなかで人間の身体性を媒介に、心外の事象を把握する東洋的認識論の展開であった。

それにしてもヘーゲルの『精神哲学』と雪嶺の『人類生活の状態』とは、かたや抽象的な精神の絶対性を論証するものであり、一方の雪嶺は具体的な生活そのものの在り方を問題にするという点では、全く対立的な構成で戸惑いがあろう。まず両者を比較してみるとそこには根本的な人間認識の相違が浮かび上がる。

ヘーゲル『精神哲学』

（岩波版『ヘーゲル全集』三巻、目次より）

緒論
　精神の概念
　分類
第一篇　主観的精神
　A　人間学（心）
　　a　自然的心
　　b　感ずる心
　　c　現実的心
　B　精神の現象学（意識）
　　a　意識そのもの
　　b　自己意識
　　c　理性
　C　心理学（精神）
　　a　理論的精神
　　b　実践的精神
　　c　自由な精神
第二篇　客観的精神
　A　法

雪嶺『人類生活の状態』

（実業之世界社刊、目次より）

人類生活の状態　原始状態　人の生命（上下）
行為の目的　労力と努力
人類の繁殖　人類の変種　差異の要因
水火の貯蔵
最初の食物　果実　穀類　米と麦
豆類　菜果　根と茎と葉（上下）
海藻　貝類等　魚類（上中下）
鳥類　獣類（上下）
料理
衣服の起源　裘と葛　蚕繭と棉花
織物　服装（㈠部分衣、全身衣、上下衣　㈡礼服と常服　㈢表裏、襟、袖、帯　㈣冠と帽と笠　㈤履物　㈥装飾品　㈦流行）
住居　住居の築造　木竹と土石　加工程度　堅牢程度　高大程度　便利程度　装飾程度　庭園　建築工具
勤労の意義　勤労の分化　職務と本分
生計と職業　事業（㊤意義　㊦単独と共同）　成功

a　所有
b　契約
c　不法に対する法
B　道徳性
a　企図
b　意図と福祉
c　善と悪
C　人倫態
a　家族
b　市民社会
a　欲求の体系
b　司法
c　警察と組合
c　国家
a　国内法
b　対外法
c　世界歴史
第三篇　絶対的精神
A　芸術

不成功　緊張と緩和　休息　睡眠（上下）
遊楽の意義　運動の遊楽（上下）　食物遊楽　性的
遊楽　智的遊楽（上下）　混成遊楽（上下）　散漫
遊楽　変態遊楽
日常　㊤生長期　㊦成熟及び老衰）
生涯　生涯の方針
優劣優越（㊀体力　㊁智力　㊂徳力　㊃美力）　相
互優越　世俗の優越　優越の変遷
体力の増減（㊤筋骨　㊦神経）　闘争趣味（体力関
係）
智力の増減（㊀才能　㊁知識）　闘争趣味（智力関
係）
徳力の増減（㊤仁愛　㊦正義）　闘争趣味（徳力関
係）
美力の増減（㊤美麗　㊦宏壮）　闘争趣味（美力関
係）
優越と完全　完全の意義　完全の境地　理想郷（㊤
東方　㊦西方）　理想の実現（㊤試験　㊦程度）
世界の進行　進化と向上　超寄生
人生観（上中下）　自己基準　自己批判　自己没却

B　啓示された宗教　――　既知未知　可抗不可抗　解脱と自由　不可思議　究極安定
C　哲学

ここに見られるような決定的差違化こそが、雪嶺哲学とヘーゲル哲学の人間認識を分岐させるものであった。何故ならヘーゲルは精神の絶対的優位において時代を切り拓くため、絶対精神を論証することで『自然哲学』『法哲学』『美学』を導き出すことが出来たように、雪嶺もまた、

兎も角も真善美の三段に配列せる者、即ち美術は美、学術は真、教政は善、東西比較の形に於て真善美の表現を記述せるなり。然るにその表現の由りて来たる所は生活に存し、狭く言へば食衣住及び其他生存に直接関係あることに帰す。以下前例に拠り、東西比較の型に於て人類生活の状態を述ぶ。

（前出『人類生活の状態（上）』1頁）

雪嶺の『東西美術の関係』『学術上の東洋西洋』『東洋教政対西洋教政』に見られた人間活動の表現は、その根底には人間の精神世界からではなく人間の具体的な生活＝存在から発出するものであるとする認識であった。このような人間認識は、

食衣住に欠乏なからしむるを以て王道の始めとせり、

（同上、2頁）

とあるように、国家社会の事はすべて生活より出発するとする孟子の王道論にあった。そこで雪嶺はこの『人類生活の状態』の序論において、ヘーゲルの『精神哲学』の概念論に対抗して精神作用に対

する生活の優位を論証するため、近代西洋の主観的観念論批判を展開した。

まず人間生活を客観的に分析するために、生物学において如何に生活（生命活動）が認識されているかを、日本動物学を確立した飯島魁《いさお》編著『動物学提要』に求めた。それによると、

「凡そ生活の物質上の基礎は学士の謂ゆる原形質なり」といひ、「原形質の最も顕著なる特性は其の生活にあること勿論なり。原形質の生活とは即ち伸縮性、感受性、物質代謝、成長及び生殖の五機能を併せて発現するにありて、之を生活の根本現象といふ」とあり。（同上、2頁）

雪嶺は生物体の生命現象として原形質による五機能に着目することで、生命現象の客観的且つ根源的意義を示した。しかし人間が思考する場合、意識を重視する主観的立場と身体的機能を尊重する客観的立場の相違があり、それが古来よりの哲学上の問題点であった。人間存在において意識を重視する立場に立てば生物的五機能の発現は手段となり、意識を生命とする唯心論の立場からは意識のない生活はあり得なくなる。しかし、

生活の根本的現象は五機能の発現にして、其の発現の止まる時は意識の消滅する時なり。意識のみ存続して五機能の発現せざるが如き、全然不可能の事とす。客観的に観察せば五機能の発現より重要なるは無し。斯くて主観客観の相ひ撞着すること、両観の竝び存在する限りに於て避くべからず。如何に両観の対立するやは、討究に討究を重ねて尽きざる所とし、既に両観の対立しては、各々自ら主にする所あり、（同上、5～6頁）

生命体としての五機能と意識の関係から見ても五機能の発現こそ根本であるが、主観客観論争は尽きることがない。

されど精神は五機能の発現に便益を与ふるに拘らず、自ら満足を感ぜんとして五機能の発展を妨ぐること無きに非ず。……精神に在りても、身体の活動の為めに害を受くることあり。慾情の為めに冷静に判断し得ざること稀ならず。パスカルは肉体を以て精神の妨害物とせり。而も肉体の存続せざれば精神の活動を知るも得ず、精神の活動を知るは五機能の発現するを以てなり。

（同上、6頁）

雪嶺は身体的活動の優位を論証するために手を変え品を変えて論じた。そして最後に鳥獣に見られる直覚力と人間の思考力を対比させて、

人類は頭脳著しく発達し、寧ろ直覚を減ずるも、思考力を増すこと多く、過去を顧み、将来を察し、能く現在に誤りなきを得るが、思考力の大なる結果、実際の必要を離れて思考し、或は故さら何物かを確定し、身体をして之に随はしむ。人類以外の動物は直覚にて事を決定し、多く誤ること無き代り、幾代を経るも進歩と称すべきを見ず。

（同上、6頁）

人間が思考することによって自らの力で社会を変化させ、それは生活に必要以上のものを作り出す原動力になることで、人類生活の複雑化の要因とした。このように雪嶺はヘーゲルの『精神哲学』における精神の絶対性に対して、人間の身体性に立脚する生命活動に社会形成原理を見いだし、人間と人

間を包含する人類社会の可能性を『人類生活の状態』に於いて論証したところである。

このように両書の表層的相違から両者のめざす意義を即断すれば大きな誤りを犯すように、『人類生活の状態』こそ、まさにヘーゲルの『精神哲学』に相当するものであった。

雪嶺のエンチクロペディー的五部作のなかで最初に書かれたのが『東西美術の関係』であった。これもヘーゲルにとっての芸術が、理念の自己展開として形成され、理念と形態の結合関係によって芸術史が区分されるとする『美学』論に対して、連綿と存在し続ける人間生活の中で形成された東洋的・日本的芸術が世界につながる美、宇宙につながる美として顕現していることを明らかにするものであった。

国粋保存主義を主張するものとして芸術こそ最も具体的表象として、比較しやすい分野であった。そこで雪嶺は東西美術の起こりが、人類として孜々と美を求めてきた心において共通するものとし、それが歴史的な風土や制作された時代環境、制作対象の素材などにより大きく変化するものとした。

そのなかで雪嶺は東洋には素材的に残ることが少なかった建築や彫刻（雪嶺が本書を書いたころにはまだ中国では殷周の青銅製の古代遺物が発掘されていなかった）ではなく、両者が対等に比較できる絵画・音楽・詩を軸にその共通性と独自性について比較することで、それぞれの芸術的意義と特徴を述べて美の本質に迫ろうとした。このような方法論はヘーゲル『美学』の絶対精神の展開に対して、歴史的・実体論的に対応することで東洋美の意義を示そうとするものであった。ちなみに両者の展開過

程を対比してみると、

ヘーゲル『美学』（岩波版『ヘーゲル全集』一八〜二〇巻、各目次より）

序論
第一章　とらわれぬ芸術観
第二章　経験的基礎にたつ芸術論
第三章　芸術の哲学的考察
第一部　総論　理想の直観的表現としての芸術
第一篇　理念と理想
第一章　理念
第二章　理想
第三章　芸術美の限定相
第二部　芸術美の諸特殊形式への理想の展開
序論
第一篇　象徴的芸術形式
第二篇　古典的芸術形式
第三篇　浪漫的芸術形式

雪嶺『東西美術の関係』（実業之世界社刊、目次より）

動物界の通観
歴史の外
歴史の初め
東西不分離
東西の分離

第三部　諸個別芸術の体系
　序論
　第一篇　建築　序論
　　第一章　自立的・象徴的建築
　　第二章　古典的建築
　　第三章　浪漫的建築
　第二篇　彫刻　序論
　　第一章　本来の彫刻の原理
　　第二章　彫刻の理想
　　第三章　彫刻の諸種の表現および材料と歴史的発展段階
　第三篇　浪漫的諸芸術
　　第一章　絵画
　　第二章　音楽
　　第三章　詩　序論
　　　第一節　詩的芸術品と散文的芸術品の区別
　　　第二節　詩的表現
　　　第三節　詩の諸ジャンルの区別
　　　　上　叙事的な詩

書と彫刻（上中下）
書画と彫刻絵画（上中下）
東画と西画（一～二一節）
絵画及音楽（上中下）
東楽と西楽（一～一三節）
音楽及詩
東詩と西詩（一～一三節）

中　抒情的な詩
下　劇的な詩

実用の美術（上下）

右の比較からもわかるように、芸術に対する美の理念の発現形式を歴史的な時代背景と関係づける、西欧独自の区分からする芸術史的分析に対して、東洋と西洋の芸術形成が同根のものであることを起点にして、その差異化の背景を探りながら東西の芸術的特徴を具体的に明らかにしたのが『東西美術の関係』であった。

雪嶺もヘーゲル『美学』において、芸術とは精神を感覚上に表出するものとして具体的な有形物に表現することで、個々の芸術形態として物質の形式に従い精神的雰囲気を表現する①建築、②彫刻、それに対して物質と形式が相互に支え合う関係で表現されたものとして③絵画、④音楽、⑤詩歌のあることを理解していた。しかし雪嶺が東洋的視点から見る時、西欧に展開した石造建築や彫刻分野では比較になり難いので、東洋で一番多く残されてきた書画から論を進めた。

ここでもヘーゲルの区分に対応させ、絵画・音楽・詩についてはきわめて詳細に論じたところである。とりわけ詩については音楽とも関連させるなかで、和歌に始まり謡曲そして浄瑠璃について、東アジアにおける漢詩などと対比させながら、その独自の発達についての世界芸術史上における意義を明らかにした。

雪嶺は建築や彫刻を省略した替わりに「実用の美術」として東西の陶磁器の発展についてその特徴を比較していた。このように柳宗悦に先きがけて生活そのものから生まれた民芸の美に注目したように、雪嶺の芸術論はヘーゲル的な精神活動としての美学ではなく、生活者としての〈美〉的感覚を重視した芸術論の展開であったと云えよう。

そして最後の大正一五年（一九二六）から昭和二〇年（一九四五）にかけて書かれた『同時代史』（執筆時の題名は『同時代観』）も、まさに近代に向けた絶対精神の顕現として書かれたヘーゲル『歴史哲学』に対して、近代を切り拓くあるべき国民国家像にたいして、政治を軸に為政者の民生安定に資する政治的能力及び政治上の諸問題解決への公正な態度など、政治史的文脈から見た歴史として構成されていた。

ヘーゲルの『歴史哲学』は、民族としての国家の自由を求める精神の必然的な発展を論証するものとしてあった。それに対して雪嶺の『同時代史』が歴史哲学であるとすれば、それはなにを論証するものであったのだろうか。これまで歴史哲学的な著作と云われながらも、必ずしもその点でも明確に答えられていなかった。

そこで改めて『同時代史』を見たとき、わが国の政治が為政者の民生安定のための努力、とりわけ公正無私な判断により構想されていたかなど、為政者の儒教的政治道徳が問われていた。

これは云うまでもなく雪嶺の精神的根柢にあった陽明学的儒教精神としての良知に立脚するもので「大学の道は明徳を明らかにするに在り、民に親しむに在り、至善に於いて止まるに在り」（『古本大学』(2)）とする仁愛の心を歴史に問うものであった。言葉を変えていえば歴史のなかに良知を明らかにしたのが『同時代史』であったと云えよう。

それ故、明治末年から大正期の初めや、昭和一〇年代など政治が閉塞状況や混迷を深めた時、雪嶺は政治状況の打開を求めるために聖人再来の願望としての英雄論を提起したのもまたそこにあった（拙著『大塩思想の射程』所収「第11章　大塩聖人論の近代的展開」194～197頁参照）。

このように見てくると雪嶺の歴史哲学構想にはヘーゲルの絶対精神に対して良知を以てしたことがうかがえるように、ここでもヘーゲル哲学の理性が大きな刺激になっていた。しかもヘーゲル哲学体系の形式的な受容ではなく、ヘーゲル思想を鏡としてヘーゲル思想の目指す思想の全体構造を自らの儒教的な立場に読み替えることで、王道ならぬ生活者の根差しから、独自の東洋的哲学体系を構想するものであったと云えよう。

これまで雪嶺哲学は儒教思想を媒介とした西洋哲学の受容や、抽象的な概念を以てする論議より具体的な身体的生活事象から問題にせまる手法から、ともすれば土着的なものと西欧的なものの混交思想としてその評価への戸惑いがあった。しかし雪嶺哲学は単なる西欧哲学の直訳的受容ではなく、東洋的土壌のなかでも近代に向けて生命力のある大塩陽明学を媒介に、ヘーゲル的哲学体系の可能性を追求するものであった（船山信一『明治哲学史研究』ミネルヴァ書房、一九五九、120頁）。

註

（1）なおヘーゲル自身も「罪悪や刑罰が本質的に私有財産制度につきものであり、したがってまた、法の制度に結びついているということは、すでに緒論でのべられている。」とマルクーゼ『理性と革命』（桝田啓三郎・中島盛夫・向来道男共訳、岩波書店、一九六一）においても指摘されている。

（2）ちなみにこの『古本大学』の言説は『東西英雄一夕話』（政教社、一九一八）の冒頭（人間学の捷径、2頁）に採り上げられている。

9、『同時代史』の理念

執筆の動機

明治天皇への追慕の念から五六歳の時に執筆を思い立った徳富蘇峰の『近世国民史』は、折からの大逆事件など社会主義思想への危機感（「精神的瓦解」『国民新聞』所収『蘇峰文選』1282～1283頁）から聖代の体験記録として大正七年から三四年間を費やして執筆されたものであった。同じように明治・大正・昭和の三代にわたる文筆活動を続けた雪嶺も大正一五年（昭和元年）から『同時代史』（執筆時の題名は「同時代観」）の執筆を開始した。時に雪嶺六七歳の事であった。

それでは雪嶺はこの『同時代史』において何を述べようとしたのであろうか。例えば遠山茂樹は歴史の底にひそめている現代的関心から歴史の大勢を描くことで教訓的な人生哲学を目指すものとしていた（遠山茂樹「三宅雪嶺著『同時代史第一巻』―史論史学への郷愁―」『歴史学研究』一四二号、一九四九・一一、43～44頁）。また柳田泉は、

『同時代史』は、哲人乃至学者的評論家の理想眼から見た近代日本発展史であり、先生自身の人生進歩の理想が基準となつて、近代日本の発展の様相が、先生の熱烈な論評とともに展開されていくのであるから、……日本の発展が何うあるべきか、何うあるべきであつたかの理想が先ずあり（これは、先生が生涯主張し論評しつづけてきた主題であつた）、その理想によつて現実の日本発展の有様を批判し、何が日本の発展に寄与したか、誰が正しい発展を助けたか、何所でそれが脱線し、正道を外れたかといつた点が、先生の正大な言葉ではつきり分るように論断されている。従つて、『同時代史』は、歴史とか現代史とかいつても、歴史家の書ではない、やはり哲人の書である。（柳田泉『哲人三宅雪嶺先生』実業之世界社、一九五六、150〜151頁）

と雪嶺のいだく社会理想から見た近代日本の政治像とされていた。蘇峰が明治国家の顕彰を国民史執筆の動機としたとすれば、雪嶺は自ら生きた時代の中に真善美に象徴される、理想社会への道程を検証しようとしたものであった。それはまさに「哲学が齎すただ一つの思想は、理性が世界を支配するものである、従つて、世界史も理性的に進展してゐたのであるといふ、理性の単純な思想である」（ヘーゲル『歴史哲学講義・上』鬼頭英一訳、春秋社、一九四九）と、ヘーゲルが歴史を自由への絶対精神の顕現の過程としたのに対して、『同時代史』は歴史のなかに良知から見た為政者の在り方が論じられたものであったと云えよう。それ故、一五年戦争の混沌期は良知の片鱗もない時代として記述することさえ困難にしたのであろう。

雪嶺もすでに時代が明治から大正へと推移するなかで、自らの生きざまを含めて何らかの記録を残したいと考えていた。例えば大正の初めに、

> 人生天地間、忽如㆓遠行客㆒（忽として遠行の客の如し—引用者にて書き下す）、知る可らざるより出で、一年にして一旅舎、数十年にして数十旅舎、而して再び知る可らざるに去る。一年を過ぐるは一年を失ふもの、前路将幾何ぞ。…現在のまゝ永遠の生命を享くるに就き、大略二種の説あり。一は或る方法を以て身体を存続せんとする者、一は事功を遺して後人の記憶に存せんとする者。……現在の世に不死なるは、此の如くなるべきか。太上は立徳、次は立功、次は立言とて、并せて三不朽の称あり。……而も生前死後の名の、竟畢何程の価値あるやは疑なきに非ず。有用の材の忘れられ、無用の徒の伝はれる、何ぞ一なりとせん。名を求むるも事の至らざる者なり。
>
> （「老の到る到らざる」『歳時』『現代日本文学全集第五篇・三宅雪嶺集』改造社、501頁）

立言して名を遺すのではないが、なんらかの同時代の史論を後世のために残したいと云うのが雪嶺の思いであった。

まして何かとライバル的存在と目されてきた蘇峰が『近世国民史』の執筆を開始している中で、雪嶺としても蘇峰のような明治天皇の思慕に発する明治国家の安寧を目指す史論ではない、近代と云う世界が一体化して展開する、その一環としての明治維新像（「世界八年間」『同時代史一巻』岩波書店、一九四九、146頁）とそれに続く明治憲法体制国家像を、雪嶺のいだく理念から見た為政の立場にある

ものと民との関係、即ち『古本大学』にある明徳を明らかにして民に親しむ政治を軸とした社会像が論じられていた。

ところで雪嶺の『同時代史』を見たとき、圧倒的に彼の生まれた万延元年（一八六〇）から明治末年（一九一二）までに、凡そ紙面の六五％を費やし、明治史を総括した「明治年間の変遷」は、それだけでも優に一冊の著書たり得る作品として本書の価値を高めるものであった。次の大正期（一九一二〜一九二六）は全体の四分の一、昭和期（一九二六〜一九四五）になると更にその半分と、彼の記述は次第に冷めたものになっていった。それは一五年戦争期の物資不足だけで説明のつくものではない。この三時期は雪嶺思想にとっても重要な意味を持っていたと考えられる。

即ち彼にとって幕末維新に始まる明治期は、かれ自らが時代に参画して政治を方向づけた時期であったが、大正期になると政党政治の実現など彼の目指した政治理念が現実化するなかで、もっぱら批評家として時代に対処したと云えよう。そして昭和期になると彼の理念そのものが崩壊感覚に襲われ、茫然自失した期間であったといえるのではないか。そこで各時期の特徴的な事項について述べてみよう。

維新観

雪嶺の維新観は薩長政権の出現を必然とするような視点ではなく、その専横を抑制する立場であっ

た。従って朝廷側の攘夷運動には、

支那の王道は夷狄と争はざるに在り。……攘夷を徹底せるは覇業を完成せる秦始皇にして、長城を築き、永遠に夷狄を拒絶せんとし、而して儒家は多く王道に背くと説き来れり。朝幕関係は王覇関係の如く解せられながら、朝廷が攘夷を幕府に強ひ、将軍が出でずんば天皇親征とすべき勢に立ち到れること、幾代の伝統を破り、常軌を逸するが如く見え、（『同時代史一巻』48～49頁）

と攘夷運動を儒教的王道論の立場から好ましからざる事態ととらえ、幕末政治の混迷を、

江戸にて為す所が因循ならば、京都にて為す所が過激、京都にて為す所が狂ならば、江戸にて為す所が愚、其の人は狂ならず、愚ならず、東西の俊才が苦心して案出せる所が実際に於て狂又は愚ならんとは識らず知らず旧制度を破壊するの勢に駆られたるなり。（同上、51頁）

と一度動き出した歴史の勢いの前に流される為政者へ厳しい批判の目を向けていた。

この維新の政治過程のなかで雪嶺の求めたものは、

年数を経、種々の変遷あり、朝廷も前の朝廷ならず、幕府も前の幕府ならず、従来の状態にて継続すべからざるの明白となり、之を改革して如何にすべきかは、多少思慮ある者の均しく頭脳を悩ます所とす。現状維持の不可能なるは既に知れ渡り、必然の勢として考へ出でたるは「王政復古」及び「王政一新」なり。「復古」といひ、「一新」といひ、正反対にして、同時に唱へられ、且つ之を同一にして怪むこと無し。王政復古は朝廷側の伝統思想に出で、……（同上、129頁）

とあるように幕府は政権能力を失い、それに対抗する朝廷も王政復古と称して一新をめざす自己矛盾に象徴されるように、伝統思想に依拠するだけで元弘・建武の功業に復すとか、さらには延喜や国家創建の神武の世に復すとするだけで、幕府を解消するための廃藩置県についてすら論議のないお粗末な構想であった。問題はどのような社会像を目指すかにあった。そこで雪嶺は、

されど斯くて充分に善政を施し得べきを信ずるあるも、外国との交通に伴ひ、富国強兵と文明開花《ママ》と密接の関係あるを知り、世界に国家の体面を全くするには、現に文明国とする所の政治を参酌するを要すべきをも考ふ。徒らに強国に倣はず、文明を羨まず、大宝令、延喜式等にて知るよりも、現在の国情に適切なるを覚え、理の当然なるを採用し、大政を一新せんとす。（同上）

とし、その改革大綱として土佐の坂本竜馬が書いた「船中八策」に基づいて作成された松平容堂の建白を以てした（同上、130～131頁）。それによると、

一、天下の大政を議定する権は朝廷に在り、乃ち我皇国の制度法則一切万機必ず京師の議政府より出すべし。

一、議政所上下を分ち、議事官は上公卿より下陪臣庶民に至る迄、正明純良の士を選挙すべし。

（中略）

一、議事の士大夫は私心を去り、公平に基き、術策を設けず、正直を旨とし、既往の理非曲直を問はず、一新更始、今古の事を見るを要す。言論多く実効少きを踏可らず。

と、すべて万事公論により政治の進められることが、当時の知識人の見識として雪嶺も妥当な意見と見た。それ故、薩長主導の体制変革に批判的であったことが雪嶺の維新観として際立っていた。

ところで加賀出身者雪嶺にとっての維新体験は、争乱に際しても伝統的な事なかれ主義から手も足も出せなかった自藩の負い目が薩長政権にあった（同上、63頁）。そこから東京大学で一〇年もたてば効果を現わすであろうといわれた哲学の専攻となり、一旦就職した官吏の道をさっさと棄てて在野に生きた生活態度に見られるように、『同時代史』においても薩長政権に対しては客観的な是々非々の立場から論評していた。

明治三〇年（一八九七）に内村鑑三は『万朝報』において「大いに維新歴史を攷究せよ」と維新史の再検討を提唱していた。

薩長政府は如何なる精神と方法とを以て徳川政府を乗取りし乎、是れ今日大いに攷究すべき問題なり、勤王は誠に彼らの精神なりし乎、公議正論は実に彼等の方法なりし乎、彼等の乗取り手段に未だ歴史の認めざる陰謀譎計なかりし乎。

大胆なる歴史家

史学若し考古学の一種たらば息まん、然れども史学若し人生に直接の要あるものなれば、何ぞ此時に当りて大に蒼生の為めに尽さゞる、何ぞ維新歴史の有りの儘を国民に紹介せざる、史家が此の国民を塗炭より救ふは或は此時にあらん。

（『内村鑑三著作集三巻』35頁）

鑑三は薩長政権の道義的失墜を歴史の中で指摘しなければならないとした。何故なら彼らの云う勤皇は権力奪取の名義に過ぎなかったからで、それに対して抑圧を受けてきたものは公議で対抗すべきとした。また法を手段とした国家権力で薩長政権は堕落したが、我らは善を積み汚辱を後世に残さないために、第二の維新は聖人の教えを受け継ぐ君主的改革でなければならないとした。雪嶺の『同時代史』もまさに鑑三が示唆する方向で記述されようとしていた。

自由主義観をめぐって

ところで『同時代史』「明治年間の変遷」のなかで、維新期に自由主義が導入された経緯とその展開過程について大変興味深い事が述べられていた。それによるとわが国では、

自由主義は各地の英学校に米国史を教科書とし、同書に自由を鼓吹する所多きに基き、尚ほ文明国に自由を重んじ、文明と自由と離るべからざるものと考へられたるに因るが、薩長の勢力に対し、別に力を伸ばすに必要を感じたる所多し。維新の御誓文は、既に立憲政体を予定せしとすべく、長の木戸が斯かる思想を迎ふるの傾向あるも、周囲の事情を察して猛進するを憚かり、貪権者と軽燥者とが共に悟らざるを憂ふ。（『同時代史四巻』一九五二、193頁）

と民選議員の建白が、政府部内の推進派であった木戸の立場を苦境に追いつめたとしていた。問題の自由主義をめぐる認識であるが、

自由主義には漢学者と洋学者とが相ひ一致する所あり、守旧論者と急進論者とが轡を竝べて進むを難んぜず、自由もミルの説く所の如きを解せず、孟子の「浩然の気」と云ひ「大丈夫」と云ひ、「残賊之人謂㆓之一夫㆒、聞㆑誅㆓一夫紂㆒矣」と云ふの類を自由とし、……（同上、193～194頁）

とあるように知識階級がなじんだ儒教思想を媒介にした理解として普及した。それ故、

自由は日本に於ける最も普通の語の一つにして、嘉永元年橋本左内が秋日山荘と題し、

木石《ぼくせき》与《もっ》テ居《きょ》スル鹿豕《かとん》ト遊《あそ》ビ
夜《よる》破屋《はおく》ニ眠《ねむ》リ昼《ひる》山《やま》ヲ頭《こうべ》トス
軽裘《けいきゆう》 肥馬《ひば》ハ王侯《おうこう》ヲ貴《たっと》ブモ
若《しか》ズヤ此《こ》ノ身《み》ハ却《かえ》リテ自由《じゆう》ナラン

と詠ぜしは、政治上の自由と違ふも、自由の意義を体得せる者にして、斯かる思想は寧ろ世に普及せりとすべし。（同上、194頁。漢詩は引用者にて書き下す）

このようにして理解された自由認識が西欧文明を受容するなかで、その機軸にあるものが自由の精神であることを知った時、

一たび文明と自由とが離るべからざると知らるゝや、薩長に快からざる徒は自由を唱へて立ち、土佐系統が期せずして幕府系統と共にす。……後に大隈が薩長と別れ、政党を組織したるも、板垣に追随するを欲せず、自由主義を唱ふるを避け、而して同じく幕府系統と共にす。

自由民権期に自由主義の解釈をめぐり対立する様子が述べられていた。そして雪嶺は近代国家に向けた西郷の限界についても述べていた。即ち、

自由主義や民選議院や、西郷一派の肌に合はざるもの、若し西郷が自由主義を懐抱し、制度の改革を念とせば、政府を動かすに何の難きを覚えざるべく、此類の事を全く念頭に置かず、無用の業と考へたることが、大久保を中心とする政府を強くするに与かる。（同上、195頁）

（同上、194頁）

と明治国家の形成について西郷に時代を切り拓く知の欠如が嘆かれ、政権からの離脱が惜しまれていた。

社会主義観

さて雪嶺は近代国家に向けた基軸概念としての自由について深い関心を持っていた。『同時代史』明治篇の締めくくりとしての「明治年間の変遷・思想」において、わが国における自由と自由主義のもつ意味について考察を加えていた。

世相を達観し、事実を探査し、現状の根柢に於て誤れるを説くに勇敢なる者の絶えず。日本も英語にて世界の知識を吸収せる間、自由主義を主にし、社会主義に興味を感ぜず、ミルの経済学を通じ、幾許か之を彷彿せるのみ。（同上、201頁）

日本のおかれた現状から政治批判する者の多くは自由主義の立場からであって、社会主義についてはそれほど深い関心を示すものではなかった。

恐らく之を好まず、自由を重んじつゝ、貪欲を憎み、資本を制せんとするに於て渝《かわ》らざらん。英米には尚ほ自由が最上の標語にして、自由の利を得、其の弊を防げば、政治の理想に近づくべしとし、日本は仏国の解釈をも加へ、一層自由を抽象的にし、平等と並び行はれるべきを考へ、以て圧制政府に当り、併せて御用商人に当らんとす。勢は政府に当るを急にして、之をして屈せしむれば、他は随つて屈すべきが如し。政府の畏るゝ所も自由主義にして、社会主義を慮るの遑なし。世間にて現状に不快を感じ、反対を唱ふること自由主義と社会主義との区別なく、但だ社会主義は未だ如何なる者なるやの判明するに至らず。（同上、202頁）

雪嶺は明治年間において自由主義と社会主義がまだ歴然と区別されるほどに認識は深まっていなかったと見ていた。そのなかで我が国に自由主義が漢学の影響下で孟子流の解釈が先行したように、社会主義についても外国思想に先行して、

未だ外国に触れざりし頃、大塩後素が事を起しゝは、一面に自由主義の色を帯び、一面に社会主義の色を帯ぶ。明治の初期に大塩流の思想が醞醸し、茫漠ながら自由主義と社会主義とを兼ねたるが如きもの、行はる。明治十五年五月東洋社会党と称し、綱領に

第一条　我党は道徳を以て言行の規準となす。第二条　我党は平等を以て主義となす。第

三条　我党は社会公衆の最大福利を以て目的となす。

とあるは、未だ欧洲の複雑なる理論に接せず、斯くもあればと臆断せる所　（同上、202～203頁）

と樽井藤吉によって主張され、即日解散を命じられた東洋社会党結党宣言であったが、その内容たるや、

社会主義として漠然たる人道主義に属し、外国の思想を採るよりも、外国の名称を借れるもの、若し之を社会主義とせば、王陽明を社会主義とすべく、儒教に多分の社会主義を含むとすべし。（同上、203頁）

雪嶺は自由主義や社会主義に関して西欧流の解釈以前に、儒教的思想の時代に即応する再解釈が先行している意義を指摘した。そのなかで陽明学的思想家大塩平八郎の近代思想としての可能性を示さんとしていた(1)。そしてこの大塩事件の教訓から雪嶺も明治国家に於いて、

帝国大学の留学生が帰りて「講壇社会党」を説き、政府側よりするも、反対者側よりするも、社会政策を慮らざるを得ず。社会政策と云ひ、社会主義と云はずとて、日本には前に注意せざりし所に注意せざるべからず。（同上、204頁）

雪嶺の政治的視点は為政の下にある庶民の暮らしであった。資本主義的発展に伴なう生活格差の拡大から取り残された庶民への、社会的救済を制度化することを為政の掌にある者に求めていたのである。

如何にして国内思想が動揺せるか、何程か大塩後素と不平を同じくせるも、西南戦役にて富豪が

利を得、日清戦役にて富豪が愈々利を得、二十六年末会社払込資本二億円なりしもの、三十二年末に六億二千万円に上り、二十六年末外国貿易輸出入九千万円なりしもの、三十二年末に二億二千万円となり、資本家が勢力を増大するに随ひ、利を得ざるものが不平なきを得ず。

（同上、205頁）

このような経過のなかから非戦論を軸とした『平民新聞』が社会主義グループの集まる平民社から明治三六年（一九〇三）に出され、さらに思想を先鋭化させた幸徳秋水らの大逆事件が発生した。

大逆事件

日清・日露戦争に際して東アジア情勢から日本の海外発展を支持した雪嶺であったが、かたや『平民新聞』に於いて、

吾人は人類をして博愛の道を尽さしめんが為に、平和主義を唱道す。故に人種の区別、政体の異同を問はず、世界を挙げて軍備を撤去し、戦争を禁絶せんことを期す。

とあり、如何なる犠牲を払ひても戦ふべしとの声の熾んなる際、斯かる事を発表するは、社会主義に対する反感を烈くし、之を蛇蝎視せしむる所以なると共に、主張者の決心を強くし、背水の陣を布くの形なしとせず。

（同上、206頁）

とあるように、非戦論を唱える社会主義が蛇蝎視される半面、社会主義者の言に対しても傾聴すべき

真実のあることを認める雪嶺であった。

すでに二〇世紀に入った明治三三年頃から、雪嶺は盛んに社会主義者との交流を始めていたことが、彼の経営する雑誌『日本人』を始め『新仏教』誌にも窺えるところであった。このような関係から問答無用に社会主義者を抑圧する危険について、

　理も非もなく圧迫され、官を暴と信じては、自ら憎む所を倒さんとし、如何なる結果を齎すやを問はず。……但だ高飛車に圧迫しさへすれば足るとし、感情の強き者の感情を弥が上に激せしむるを以て、国家を呪詛し、無政府の愉快を夢みるに至る。其の甚だしきは極めて少く、大抵態度を緩和し、憂ふるを要せずとせんも、数こそ甚だ少けれ、世を驚かすに及んで不祥事も極まる。二大戦役を経て国運が発展し、国家的思想の最高調に高まるべきに似て、却て世間に国家を軽んずるかに見ゆる跡あるは、赤を見詰めて緑を感ずるが如き所なしとせず。（同上、207頁）

と見たのが大逆事件を受けての雪嶺の認識であった(2)。

イギリス流自由主義

『同時代史』明治期の最後において雪嶺は自由主義と社会主義の問題を繰り返して論じた。そして日露戦争の勝利に際しても、

　帝国が露国に勝ち、大国に列し、国運の発展を慶賀すべき筈にして、却て国家の束縛より免れ、

或は一切の羈絆を脱せんとするは、奇に似て奇ならず、極度の緊張の後に何等かの反動あるなり。（同上、208頁）

近代国家として名実ともに栄えた時、却ってそこから脱出しようとする動向が国民の中に生じてきた。それは決して奇異なことではなく社会的緊張が生み出したリアクションである。その正体とはなにか。政府の施設よりのみせざれど、嘗て政府が英米の自由主義に懲り、独国の国家主義を重んじ、前に英国が外国を代表するかに考へられたるをば、一転して独逸と等分し、或る点にて独を主にし、専ら之に則らんとす。独語を修る者が増加するに随ひ、独語にて外国の思想を吸収し、往々政府側にて予期せざりし所に出で、社会民主党の思想が英米の自由主義と孰れの憂ふべきかに迷ふ。（同上）

明治国家は終始英米流の自由主義を嫌って独逸の国家主義を尊重した。しかしその独逸から社会民主党をはじめとするマルクス主義などの社会主義思想が流入するようになって、政府は社会思想の在り方に大逆事件に象徴されるように厳しい態度を取った。この時、雪嶺は日本の将来のためにイギリス流の自由主義を導入すべきとした。

政府が政治に関して独墺を参考にせる所多きは、或る点に於て確に利益を得たるにせよ、漸く社会主義の危険を感じ、英国に則れると孰れの憂ふべきやを決するに惑ふ。憲政の準備は独墺に則り、更に之に則りて軍備を整へ、清国に勝ち、露国に勝ち、先見の明を立証せるが、議会を設けざれば已む、既に之を設くる以上、英国の政治に眼を閉ぢて運用の宜しきを得べくもなし。……議会に関する限り英国を本場とすべし。（同上、211頁）

国会を開設した限りイギリス流の議会制度を導入すべきとするのが雪嶺の採る所であった。何故なら、日本は他に類例なき国家を形成し、歴代国民が活動し来り、現に力を世界に伸ばすこと、寧ろ本能を以てせる所にして、嘗て自由の声の高かりしに似ず、自由の何たるを識得すること多しとすべからず。憲法に拠りて議会政治に従事し、政治は議会に議すべきものとするのみ。自由は意識せずして体験するを得べく、強ち之を意識するを要せざれど、今一層意識せば、更に活躍し得べしと考へらる、こと一再にして足らず。未だ自由を体験せずして、より多くの力を統制に注がざるを得ず。自由の制限は政治より来らず、経済より来る。政党が愈々盛んにして、行動の自由が之に伴はず、知識が愈々進みて、思想の自由が之に伴はず。（同上、212頁）

わが国は他国にない天皇制を軸とした国家を形成し、それを国民がささえてきた。明治の初めに民権運動がおこり自由を高唱してきたが、自由の何たるかがあまり理解されていない。憲法が制定されたが政治は議会だけで論じられるものとされ、国民の自由な活動は許されていない。

自由は意識して求めるものでなく、体で受け止めるもので、自由が尊重されれば国民は更に活動を広げることが出来るはずである。ところが現状は自由が制限され、却って政治的に統制を受けている。自由の制限の影響は政治よりも経済的統制によってもたらされやすい。政党が活発になろうとしているが、国民の中に自由な活気をもたらすものがない。あれこれと知識は進んだが、それに伴なう思想の自由に欠けるところがある。

『同時代史』のこの箇所は殊のほか分かりづらい文章であるが、要は世界的な思想の進展に対する日本の国家的閉塞が指摘されていた。(3)

大正末年から『我観』誌上に発表された『同時代史』は、昭和四年以降になると共産主義者への弾圧に始まる思想統制の強化のなかでの執筆だけに、自由を主張する政治批判の言説には雪嶺も晦渋な表現を取らざるを得なかった。それにしても明治の歴史を総括するなかで、近代議会政治をめざす国家として、イギリス流自由への許容に欠けることを問題とした。そしてそのことを指摘することは、いま展開されている昭和の政治状況を鋭く批判するものでもあった。

雪嶺の常套句

政治的危機に直面した際の常套句は反語的表現ないしは疑問形であった。このような表現を昭和期になると随所に噴出させていた。危機の深まる昭和一〇年、政治の中枢にある岡田首相・西園寺公望らに対して、

当時政府も政党も中外の形成が如何に動きつつあるかを知り難く、後より顧みて世界的趨勢の動き来たれるに気付くべき所ながら、その如何に現はれるかを知り難く、徒らに末端を追ひ或は争

ふに止まらんとすること、普通に避くべからざる所とせざるを得ざらん。場合に依りて相応に賢明なる人物と見えもすべきに、勢の熟せずして其の如何に動くべきかを知らず、後に至りて漸次覚知するの避くべきに非ず。（『同時代史六巻』一九五四、331頁）

危機の深まりが見通せないなかで、内外の政治情勢を適格に把握できず、枝葉末節を争う政治的混迷が指摘されていた。それに対して雪嶺は歴史を動かすキーパーソンとしての責任を求めた。即ち、

今に始まらざる事ながら、世界の何処にも類似のことあり。相当の人物と知らるゝ者が知能を搾りて工夫しつゝ、大勢が何の方向に指すかを慮からず、勢に促がされて動きつゝ予期せざる方向を指して進むを奈何ともすべからず。されど当時刻苦して努力する所が後に何等かの関係あるに思ひ至り、たゞ今少しく早く之を知るを得ばと心付くとも事は既に遅し。（同上）

と、いつの時代でも国の歴史には幾許かは外からの影響が見られるが、今日のように世界史的情勢のなかで物事が生起するとき、少しでも早くその局面を通観する眼識を政治の掌にある者に求めた。しかしそれが後手に回って取り返しのつかないことになったと雪嶺は指摘した。

一五年戦争期

昭和史も淡々と議会の動向を軸に記述されるなかで、太平洋戦争に突入しても大東亜共栄圏思想を高唱するのでもなく、雪嶺の筆はこと戦争に関しては突き放した筆致であった。昭和一八年の歴史は

わずかに一〇行でかたづけられていた。そのなかで、

六月二十一日、永野海軍大将、寺内・杉山両大将を元帥に列せられ、元帥の称号を賜ふ。適当か、不適当か。五月二十九日、アッツ島に山崎部隊玉砕、七月下旬、キスカ島の撤収完了が大本営より発表せられたること、多くの楽観報道中に悲観を齎らし始む。

（同上、382頁）

昭和二〇年、最後の章はわずか五行で筆がおかれていた。

軍事の積極的なるものが漸次消極的に移りつゝ、最後の勝利が保障され、一般に希望を嘱したるに、二十年八月十五日、天皇親らのラジオ放送にて、普く俄然楽観より悲観に転じ、万事終るの感なきを得ず。全国民を通じての極度の悲観は有史以来最高度と察せられ、一般に萬事已むと感ぜられたるが、窮して通じ、絶望より希望の微光を見、其の漸次拡大すべきを感ぜしむ。

（同上、383頁）

と結んでいた。そして稿を改めて、「軍閥は弊害より大罪」と良知を冒すものとして告発した。

ヘーゲルは自由と理性に導びかれた世界精神の実現をプロイセンを範とするドイツ帝国に見たように、雪嶺もまた天皇を頂点とする立憲主義的国家に期待を寄せていた。しかし世界と協調しえなかった帝国主義日本の崩壊は、雪嶺自らの歴史哲学の挫折として現前したことで、良知に恥ずる思いから筆をすすめることが出来なかったのであろう。そして『同時代史』と共の雪嶺もまたこの年の一一月、八六歳を最後に鬼籍の人となった。

註

（1）すでに明治二九年（一八九七）に発刊された国府種徳の伝記的研究『大塩平八郎』において、大塩を「社会主義実行者として」評価したところから、雪嶺も序文を与え、そのなかに「我が邦古来忠義の士に富む。而も窮民の為めに貪婪《どんらん》の富豪を撃たんとして掘起せしもの独り指を平八郎に僂《かがま》せざるべかざるなり。此の如きは空前絶後、古往今来唯平八郎一人有るのみ、彼は自然に社会主義を得たるもの、而して竟に主義の為めに斃れたるものなり」と述べていたように、雪嶺は大塩を社会主義の先駆と見ていた。

（2）なお雪嶺と大逆事件の関係として、雪嶺は幸徳秋水が獄中で書いた『基督抹殺論』の出版にかかわり、序文まで書き与えた。

（3）雪嶺のイギリス流自由主義への評価は彼の西欧体験から得たものであろう。帰国後の東西文明論的考察としての『大塊一塵』においても、イギリス自由主義文明について「我が現状の混沌たるは固より猶ほ幼稚なるの致す所、更に秩序を成立せしむるを要し、更に過去との聯絡を確固ならしむるを要す、……而も階級の制限は成るべく寛にするに務めざるを得ず、……然れども秩序の確立するに伴ひて充分に自由の精神を伸べ且つ之を現実にし得るに至りし彼が如きは、亦た大に称揚に値せん」（『大塊一塵』『近代日本思想大系5・三宅雪嶺集』123頁）と評していた。

10、雪嶺の英雄論と西郷隆盛

明治二一年（一八八八）、政教社が設立された前後の民権運動を再構築するために大同団結運動が起こされた時、雪嶺は限りなく政治の世界に接近した。しかし後藤象二郎の入閣と云う裏切りに遭い、それ以来、政治の世界とは距離をおくようになった。それは政治の世界への無関心ではなく、社会批評家として世俗に溺れやすい政治家と一定の距離をおくことで、政治の原点としての民の立場から見て公正な評論活動をするための自己規制であった。

ここから政治が昏迷するような場面においては政治改革の必要を提言し、政治家の資質が疑われる政治的停滞が続くと、その任に堪える改革的人物の登場を期待した。雪嶺の英雄論はこのような時代閉塞の中で、その改革を求めるために優れた人材の登場を促す政治改革論であった。その一つの大きな山が明治末年の元老院体制下の政治的停滞期に対する政治的刷新として英雄論が鼓吹され、今一つは日中戦争の長期化に伴なう政治的優柔不断に対し、現状打開への政治的決断を下しうる人物への期待であった。

明治四三年（一九一〇）元老政治が行きづまるなかで雪嶺の文筆は人物論・英雄論に向かっていた。「神武天皇とエクベルト王」（二月）「偉人の跡」（三月）「西郷隆盛とガリバルヂー」（九月）、そして政教社主催の西郷隆盛三三周年祭典では「偉人西郷」と題して講演を行なっていた。「東西両洋の英雄」に先立つ「西郷隆盛とガリバルヂー」においてイタリア救国の政治家・ガリバルヂーとの対比で西郷の政治的資質について集中的に論じられていた。まず雪嶺の西郷観を軸に述べてみると、両者をそれぞれの近代への幕開けに貢献した、英雄の英雄たる風格を備えた古英雄的存在として位置づけ、そのなかで西郷について、

其の気魄の雄大なると行度の豪爽なるとは幾《ほと》ど彼を凌ぎて余りあるべく、固より一長一短は数に於て免れずと雖も、若し前世紀に於て、古英雄に類する最も近き者を挙ぐる、即ちガリバルヂーを推すよりも、寧ろ西郷を推すべしとせん。（前出『現代日本文学全集第五篇・三宅雪嶺集』305頁）

と評した。以下西郷の人となりに始まり、再度にわたる離島への流刑、維新の政争への参画など西郷の果たした役割が述べられる中で、雪嶺はとかく西郷の学に欠けるとする福沢諭吉などの批評（「丁丑公論」『福沢諭吉選集七巻』岩波書店、一九五二、332〜333頁）に対して、

教育として挙ぐるに足るなきも、当時の教育の程度より観ば、寧ろ相当なりとすべく、或は藩の学館に入り、或は大久保長沼の徒と日を定めて近思録を講じ、或は伊藤茂右衛門に就き伝習録を

学び、或は無参禅師に従ひ禅学を修めぬ。家貧にして早く郡方書役となり、心を学事に専らにする能はざりしとはいへ、武士たる教育に於て特に遺憾のあるなく、……西郷や思想粗雑なる諸藩の士に応接して、毎に綽々《しやくしやく》として余裕ある迄に修養するを得たりと謂ふべし。（同上、306頁）

と述べるように、西郷にあって陽明学を中心とする時代に即応する知識の修得がめざされていた。例えば彼の学識を示すものとして『西郷南洲遺訓』に於いて、

一、廟堂に立ちて大政を為すは天道を行ふものなれば、些とも私を挟みては済まぬもの也。いかにも心を公平に操り、正道を踏み、広く賢人を選挙し、能くその職に任ふる人を挙げて政柄を執らしむるは、即ち天意也。夫れゆゑ真に賢人と認る以上は、直に我が職を譲る程ならでは叶はぬものぞ。故に何程国家に勲労有る共、其職に任へぬ人を官職を以て賞するは善からぬことの第一也。（『西郷南洲遺訓』岩波文庫、一九三九、5頁）

為政の立場に就く者の資質を述べるものであった。そこに公正無私の立場で事を進める聖人の心が示され、藩政改革を進めるためにはもはや門閥による人事では弊害が生ずることが指摘されていた。しかし藩主島津久光は京師の間で国事を談ずる徒を嫌い、そのなかに西郷もあった。これに対して雪嶺は、

西郷や、必ずしも兵を用ゐるの意あらざりしが、当時門閥の徒は概ね謀るに足らず、……常に門地ある者を排し、所謂浮浪の徒と事を図るの状あり。久光之を見、心に之を快しと為さず、遂に

> 譴責して徳之島に流し、尋《つ》いで沖之永良部島に移し、牢獄に投ぜり。西郷は二年の歳月を幽囚の間に費したり。
>
> 之を要するに西郷は一の政治家なり。尋常の政治家を以て目すべからずんば、即ち破格の政治家なり。其の議する所は列藩士の合同にして、其の為す所は主として志士の間に交遊するにあり。
>
> （前出『現代日本文学全集第五篇・三宅雪嶺集』310頁）

久光は西郷の諸国の浪士即ち下級武士との交流を快く思わず、離島の牢舎に閉じ込めようとした。しかし、そこで西郷は一切の利害を超越して慎独に徹することで幕末の政争を観察し、維新に向けた政治的構想を描くことが出来たのであろう。離島体験は西郷の政治家としての資質を高める貴重な時間であった。

岸本真二郎の至誠、つまり他者への誠実な関係を築く心の有り方についての質問に、西郷は、

> 至誠の域は、先ず慎独より手を下すべし。間居即慎独の場所なり。小人は此処万悪の淵藪なれば、放肆柔情の念慮起さざるを慎独とは云ふなり。是善悪の分るゝ処なり。
>
> （前出『西郷南洲遺訓』21頁）

と答えたように、西郷が至誠の人と云われたのも離島体験がそうさせたのであった。また西郷は歴史には理と勢いのあることを教えていた。

> 事の上には必ず理と勢との二つあるべし。歴史の上にては能見分つべけれ共、現事にかゝりては、

甚見分けがたし。理勢は是非離れざるものなれば、能々心を用ふべし。……事に関かるものは、理勢を知らずんばあるべからず。只勢のみ知て事を為すものは必ず術に陥るべし。又理のみを以て為すものは、事にゆきあたりて迫《つま》るべし。（同上、22頁）

政治改革への道理とそれを推し進める時、勢なくして改革が進まないことも西郷はよく観察していたのである。そして改革を進めるには西郷は機会としての時を重視していた。

事の上にて、機会といふべきもの二つあり。僥倖の機会あり、又設け起す機会あり。大丈夫僥倖を頼むべからず、大事に臨では是非機会は引起さずんばあるべからず。英雄のなしたる事を見るべし、設け起したる機会は、跡より見る時は僥倖のやうに見ゆ、気を付くべき所なり。（同上、23頁）

西郷のこのような観察眼は雪嶺の心にも響くものであったに違いない。雪嶺の英雄観には常に西郷の人物像が髣髴していた。

大正七年（一九一八）大阪朝日新聞に「東西両洋の英雄」と題して五〇回にわたり執筆されたものが『東西英雄一夕話』と改題されて世に問われた。雪嶺はそこで近世科学が勃興するまでは学問と云えば人間学で、儒教の『大学』においても「大学の道は明徳を明らかにするに在り、民に親しむに在り、至善に於いて止まるに在り」とあるように、政治に関する学問こそが人間の在り方にとって機軸になるもので、従って人間を知るの近道はそれぞれの時代の英雄を知ることであるとした。そして、勝と西郷とが談判せねば、江戸が丸焼に為つたかも知れぬ。……人は其時代に生きるので、百年の後に生きるのでなく、其時代には其時代が肝要であつて、乱を平定し人に安心させるのが、其時代幾十百千万人の利益になる。

（『東西英雄一夕話』政教社、一九一八、4～5頁）

と述べるように、それぞれの時代において民生の安定や危機の打開に格段の才能を発揮し、賞賛に値する功績を残した人物を以て英雄の資質とした。しかもその英雄も資質において凡人と大きな差があるのではなく、何ものかを目指して努力する生き方の中に英雄に通ずるものがあるとした。そして英雄の特性として、

何時の代でも英雄たるべき者がありながら、其の顕はるゝに適した時代があり、其の顕るゝに適しない時代がある。

（同上、38頁）

とするように、英雄の出現には歴史性、時代背景があることを指摘し、それはまた洋の東西においても基本的に差はないとしていた。

雪嶺にとっての英雄は、歴史上国家を形成する社会において、絶大な力を発揮しただけの単なる統治者ではなく、民生上に恩恵をもたらす社会的救済者像こそが英雄であった。このような英雄を彼は東西の歴史にわたって取り上げることで、英雄像のイメージを高めたのである。とりわけ南朝正統論が国定教科書でも取り上げられる中で、足利尊氏をクロムウェルに匹敵する人物として英雄視したことは注目に値する。

英国のクロムウェルは義時に似て居るか、尊氏に似て居るか。之を合せた程の力はないけれど、何程か之を合せたところがある。而して日本で義時及び尊氏を奸物とし、英国でクロムウェルを英雄とするは、国体の関係もあり、他にも事情あるが、義時及び尊氏は朝廷の為に利禄を奪はれるのに抵抗して居り、クロムウェルは人民の権利を擁護するを主眼とする事になつて居る。

（同上、67～68頁）

利録も人民の権利として見た場合、逆賊視された尊氏とクロムウェルの両者に差異のないことを証言することで時代を切り拓く人物像に英雄を見たのである。

雪嶺は西欧の英雄としてアメリカのワシントンやリンカーン、ナポレオンやビスマルクなどの英雄像を論じながら、目を東アジアの清朝末に向けて太平天国の乱を起こした洪秀全にも英雄の片鱗を見ていた。そして近代イタリアへの統一に尽力したガリバルヂーに対して、それに比肩すべき人物として西郷隆盛を以てした。

西郷隆盛の生涯はガリバルヂーに似て更に優つて居る。ガリバルヂーの如く自ら陣頭に立つて戦はぬにしても、一層気魄あり、器度あり、思慮あり、大事を成し遂ぐるの能力がある。ガリバルヂーは後《の》ち愈々働いて、愈々人に軽んぜられたが、西郷の死んだ時、人之を形容するに苦しみ、真に悲壮の絶頂である。若し志を達し得たならば東洋に雄飛し、欧洲と模型を異にした英雄を現はしたであらう。

（同上、326頁）

雪嶺は元老支配に代わる新たなる政治改革のために、明治維新に功業のあった西郷に匹敵する人物の登場を時代に向かって呼びかけていたのである。時に大正デモクラシーの時代であった。

雪嶺の英雄待望論としての第二の書が『英雄論』（昭和一四年〈一九三九〉）であった。先の書に於いてもその冒頭に英雄を論ずることが「人間学の捷径」として、英雄と凡人の関係など、英雄の特性などが述べられていたが、この『英雄論』ではさらに英雄の諸特性が詳細に論じられるなかで、英雄を「理想追随家」「竜馬の奔馳」として幕末維新期の政治状況と重ね合わせて論じられていた。当然、ここでも西郷が大きく取り上げられていた。

水戸の東湖、越前の景岳、共に薩の西郷隆盛の推服する所と為り、「先輩に於て藤田東湖氏に服し、同輩に於て橋本左内を推す」の語あり。（『英雄論』千倉書房、一九三九、72頁）

やがて維新政権が発足して旧幕府系の者が鳴を静めるなかで、

却て新政府の有力者が党を立て、派を分ち、相ひ排斥して容れず、薩の西郷は国権を主張し、土の板垣は民権を主張し、他に之を附和する者あり、或は之を利用せんとする者あり、先づ征韓論に於て破裂し、民選議院設立建白に於て更に破裂を猛烈にす。

……土佐の板垣たること、猶ほ薩摩の西郷たるが如く、当初相ひ並びて廟堂に重きを成す。此の二人は、性行及び意見は異にしつゝ、共に理想追随家にして、一は国権を拡張せんとし、一は民権を拡張せんとす。西郷は全く自由民権を解せざるに非ず、幾許か英米の政治を聞いて知りたれど、一たび国威を耀かし、国力を示さずんば、何事を成すも益なしとし、事の大陸に起るを欲し、若し樽俎の間に国権を拡張し得ば可、兵力を用ゆべくんば断じて敢てすべきを信ず。

（同上、74頁）

と、征韓論では西郷と板垣は一致するも、明治六年（一八七三）の政変で夫々が廟堂を去ると、板垣は土佐で立志社を起こしそこで自由民権論を唱え、一方、西郷は薩摩に私学校を開いて明治政権と対峙した。雪嶺はこの二人についていずれも理想の追随家、理想主義者として、日本の現状のなかで一は国権の拡張に意を注ぎ一は民権主義を追求する者として特徴づけた。

しかしこと征韓論についての西郷の立場は国権主義ではなく、相手の立場を認めたうえでの賢人外交（「西郷始末書」『大西郷全集二巻』平凡社、一九二七、790～791頁、なお毛利敏彦『明治六年政変の研究』有斐閣、一九七八、18頁以下参照）を進めようとしたもので、決して軍事的圧力を加えての外交交渉を目論むものではなかった。その上で西郷の韓国交渉論を拒否した政権批判として門下の与論としてあった征韓論が、あたかも西郷の征韓論として国権主義者とされた可能性があった。

ここで雪嶺は西郷の人柄として、

西郷は大事に臨んで驚くべき力を発揮するを得、平時何の為す所あるを得ず、自ら之知り、政府に居るの益なきを思ひ、職を辞して郷里に耕し、若し相ひ共にせる子弟が事を起さずんば、其の儘に過ぎたらんも知るべからず。彼は三年余も薩南に居り、兵児連に取捲かれ、時勢を解せざるに至れるが如く失敗を期して一行と共にせるか、或は政府を改造し、国威を発揚せんとせるか、真意を知る由なく唯だ国家の為めに生死を一にするを知るべし。

若し西郷にして現実の勢利を念とせば、緻密に計画し、万遺策なきに努めるたるべく、勢利に執着せず、何時にても死を覚悟し、万事を人に托し、自ら恬々淡々、何の与かること無し。

（同上、75～76頁）

人々がそこで共にある公共と云う国家社会の為に、私を忘れて生死を一にした生き方を最後まで貫いた西郷こそは、英雄に相応しい人物であることを人々に告げるものであった。

西南の役は西郷にとって最も不幸な事件であったが、門人の激発に西郷も死を選んだのである。しかし、

西郷自らに於ては、常に理想を追随し、現実に深き注意を払はず、現実に失敗し、理想に生けりとすべく、人が西郷を英傑とするは其の声望の力の戦役に顕はれたるの外、一身の得失に拘泥せず、神韻縹緲成敗を以て議し得ざるに在り。

（同上、76頁）

いずれにしろ西郷の英雄たる資質は、一身の利害得失を超越した生き方にあったことを雪嶺はなによりも高く評価していた。すでに福沢諭吉も西郷の生きざまを弁護して「一国の公平を保護せんが為……日本国民の抵抗の精神を保存して、その気脈を絶つことなからしめんと欲する微意」として『丁丑公論』に記していた。

このたび雪嶺が『英雄論』を世に問うたのは、昭和一四年二月の事であった。それは『日本及日本人』所収の評論から編集されたものであったが、二・二六事件（昭和一一年）以来、軍部の政治への干渉が顕著となるなかで『同時代史』においても、

世界は動くべきに動きつゝあり、二・二六事件は一小火山の爆発に類し、旧習慣に囚はれたる者こそ驚きの目を瞠れ、大波瀾の近づきつゝあるは種々の方面に現はれ、

（前出『同時代史六巻』355頁）

と述べたように危機の迫り来るのを予感していた。この時、政治の状況は軍人を首相とする短命内閣が続き、政治不安は誰の目にも隠せなかった。そのなかで第一次近衛内閣が成立した。しかし、

謂ゆる日華事変は、盧溝橋における第二十九軍第三十七師（師長馮治安）の不法発砲によつて火蓋は切られたるも、日中の間、爆薬はたゞ口火を待つのみとなりゐたる情勢を蔽ふべくもなし。国内相克解消を説く近衛内閣は、ために事変処理について事毎に後手となり、窮余遂に十三年一月一六日、「国民政府を相手にせず」の声明を中外に発するに及び、事変は漸く収拾すべからざるに至り、「大東亜戦争」への勢ひを加ふ。

（同上、360頁）

と記されていたように、雪嶺の心中においては進むか退くか日本の運命に関して、政治的決断の出来る人物が求められていたのである。

ちなみに『同時代史』も昭和一二年は史料紛失で欠落、一三年以降二〇年まではきわめて短い記録

で終わっていた。長期にわたる戦争で国民生活の疲弊を知る雪嶺にとって、昭和一二～三年はまさに政治的決断において大転換期に当たっていた。それだけに西郷に匹敵する人物が求められた。しかし近衛内閣ではその任に堪えないことを雪嶺は見抜いていた。そして戦争の深みにずるずる落ち入る政治状況に対して、もはや明治期に見られた丹念な記録を残すことは雪嶺の良知が許さなかったのであろう。

このように『同時代史』を読まないと同史末尾の「軍閥は弊害より大罪へ」とは続かない。

軍閥も初めのほどは大した事はなく、是れ位のことは構はず、それでなくて威圧が足らぬ所をば、是れ位としたのが何時しか大きくなり、弊害を弊害と感ぜず国家に大罪を犯し、それも只の大罪ではなく、絶大罪を及ぼし、自ら気付かぬに至つたのであらう。……目先き勘定にて軽々しく開戦し、停戦すべきに停戦することさへ敢てせず、万民を塗炭に陥れ、茫然自失するとは、驚き入つた次第ではないか。（同上、389頁）

これだけ軍閥を批判するのであれば、雪嶺にもっと早い時期での警世的同時代観を聞きたいと思うのは、私一人ではなかろう。しかし言論統制のなかで雪嶺は英雄的人物の登場で時代的状況の打開を計ろうとしたことは確かであった。

11、雪嶺の東アジア観

ミネルヴァの梟ではないが、人は与えられた状況とそこからの可能性のなかで、自ら向かう歴史的展開を語るものである。しかし時間の経過の中ですべての状況が変わるなかで、かつての歴史的状況下にあった人々の生活体験や社会的感情を抜きに、歴史を今日の意識や理念で裁断しても歴史認識の真に迫りえない。雪嶺を国粋保存主義者即ちナショナリスト即ち国権主義的海外進出主義者と云う枠のなかで捉えたとしたら雪嶺像は遠のくだけである。

一九世紀後半の幕末維新期に生を享けた雪嶺に、西欧一辺倒の自由民権運動ではなく国粋保存主義と云うナショナリズムを選ばしめたのは、すべてを西欧化することによるアイデンティティの喪失への危機意識であった。それは小なりと云えども日本国の存在性即ち国家としての個性の自己主張であった。二五〇年にわたって形成された鎖国体質から、外交交渉への未熟を衝かれた不平等条約は日本人にとって屈辱以外の何ものでもなかった。西欧諸国との対等化を構築することは我が国にとっての最重要課題であった。雪嶺は世論に訴えてその先頭に立とうとしていた。と同時に旧幕的体質を打破して維新の変革が進められる中で、東アジア諸国に対してその迷妄を打破させるための使命感も雪嶺にあった。雪嶺が西郷の征韓交渉論を支持し大陸への進出を期待しただけに、それを妨たげる藩閥政権を批判するなかで西郷の政治家としての英雄的資質への憧憬は終生変わることがなかった。

雪嶺のアジア認識はすでに明治二三年に書かれた「亜細亜経綸策」のなかに尽くされていた。まず雪嶺は我が国が大陸の中央にあって勝盛敗滅の二途のなかにおかれていたら二千五百年の歴史を無異に保ちえただろうかと自問しながら、

論者曰く、日本は東洋の英国なり。工業商売を以て国を建つ可し。地は亜米両洲の間に位し、南濠洲に通じ、港湾深くして五洲の舟を泊す可く、（『近代日本思想大系5・三宅雪嶺集』255頁）

としながらも現状は、

総て之れを五箇の開港場に於てし、開港当初馴致せる不利益の習慣に羈せられ、投機掛引一に外商の制する処となり、僅に彼れの鼻息を窺ふて取引をなすに過ぎず。（同上）

市場の全権を外国人に握られてしまったのはやはり鎖国のせいであり、商人の地位を卑賤視したためであるとした。それを打開するには在来型の商人ではなく士族出身者の才能を必要とした。しかし商業に志す士族はまだ少なく、その意味では商業立国の道はまだしばらくは困難と見た。また工業に

ついても現状では美術工芸品の製造くらいで、まだ西欧に対抗するものは乏しいとした。そのなかでも老帝国の中国の存在こそ恐るべき競争相手と見た。

何をか競争者と云ふ。曰く支那是れなり。彼の亜細亜東南面百五十万方哩の農業地と、瀚海南北の曠漠たる牧場とを保有せる老帝国こそ、真に世界未来の工業地たる可きなれ。人民の性質、物産の豊富、決して之れに比す可き国あらざるなり。（同上、257頁）

ところで現在の日本を支えている産業は農業で、外国貿易でも生糸と製茶が主力輸出品となっているなかで、中国産の生糸と比較した際、その品質と低廉な労働力で遠からず日本の大きな脅威になることは時間の問題と見た。

ここで雪嶺は維新以来の日本の政治が二分して内治型になっていることを指摘し、維新革命の余勢をかって海外進出する機運をつぶした政権に対してその消極性を批判した。即ち、

一国の民心をして東洋の覇権は、我が手中に在るの観念を起さしめ、臨機応変、経営宜しきを得ば、魯英の先鞭を着けて東洋の運命を制せんこと、決して難からざりしなり。（同上、261頁）

と言い切った。雪嶺がいだく維新後の、日本の針路についての考え方が示されていた。それは云うまでもなく征韓交渉における西郷の立場を支持するものであった。それ故、西南戦争に対して、

是に於て、多年海竜の前途に憂慮したる保定の老骨も、初めて枕を高ふして安眠するを得せしめ、一国の気力と人才とを消尽し了れり。然れども窃に想ふ征韓談をして仮に反対の議決に出でしめ

ば、果して如何なる路線を経て、如何なる点にまで到達せんか。好く全国の民心を湊合して、鋭意不撓小成に満足せず、中道にして懈怠するなからんか。（同上、262頁）

征韓論の敗北は我が国の前途を憂慮した維新政権の高官を安心させたが、気力と人材を失った。もし仮に征韓論が推し進められたら、民心の支持を得て誰もが納得する中道の道を切り拓いたことであろう、と雪嶺は推測した。しかもそのように事が進められたら、

只だ外征の刺撃に依て、敢往自尊の風を長じ、商業の進歩、工芸の発達は、姦商の跋扈を制して、自然の正路を践み、東洋外交の問題は、日本の諾否に依て、権衡を操り、欧洲偏鄙の小民にも、亦た日本は東洋の強国たるを知らしめば、豈に痴羊豺狼を恃むの譏を招かんや。（同上、262頁）

海外進出した日本人は胸を張り、国内では商工業を育成して特権商人を牽制し、東アジアの外交は日本の出方で均衡が保たれ、欧州の小国にアジアにおける日本の位置を知らすことが出来たら、もはや西欧列強の仲介をたのむ必要はなくなるのだと主張した。

にもかかわらず海外に発展するか否かをめぐる進退両主義を争う西南の役が敗北することで、東アジア外交の門戸を閉ざし、それ以来、隣国の一進一退に伴ないそれに対応する外交政策がとられた。その結果、海軍力を停滞させ、何時までも英仏艦隊を圧倒することが出来なくなったと批判した。そしてその原因の所在は、

之れを要するに、内部の不合は常に外人の乗ずる所となり、鎖国の遺弊は外交の不熟無能を示し、

世界の蔑視せる老翁に対して、権利を正当に争ふ能はず。何ぞ欧米の条約満足の改正を得ざるを怪しまんや。（同上）

国内政治の対立が外国につけ込まれる要因であり、鎖国を引きずる未熟な外交交渉が条約改正を停滞させ、先進国から軽視されている清朝政府に対してさえ正当な権利も争えない体質が条約改正の進まない原因であるとした。

然らば則ち、清朝の未来は如何ん。（同上、264頁）

そうであるならばこれから清朝とどう対してゆかねばならないのかについて、まず彼我の国民性を知ることと、そのおかれた歴史を分析することで清朝政府の近代化について考うべきとした。

世人多くは之れを人民の卑屈無気力なるに帰するが如し。然れども彼らは不屈自愛の気風に富んで、官庁の命令己れに利あらざるを見れば、喋喋弁論して抵抗を試み、官吏の勧諭に唯々服従する我国の比にあらず。（同上、265頁）

と中国人が決して政治に無関心な人民ではなく、生活上の必要のためには政治に異議を唱える民であると雪嶺は認識していた。その上で中国人の性格と歴史について様々な角度で論究するなかで、

若し夫れ満朝（引用者註、清朝）にして外敵の欲望を制して命脈を強奪の現世に繫がんと欲せば、宿弊を一掃して内政を釐革《りかく》し泰西無形の文物を誘導して、腹内に之れを消化せしむるの体力あるに非れば、有形開明の利器は、決して護国の忠僕たる能はざるなり。（同上）

清朝の改革には西欧の物質文化ではなく近代精神文化で改革する必要があり、そのためにそれを受容する人々の知力が求められた。しかし現状では、

抑も彼等の気風たる偏に外人を嫌忌し、氷炭相容れずして、外人にして彼れ等の尊信を得て、之れが権勢指揮の下に甘心せしめんこと、甚だ難きが如しと雖ども、其の斯くの如くなる所以は、風俗習慣を固執するが故にして、独立の精神盛なるが為めにあらざれば、（同上、267頁）

とあるように、清国が過去の風俗慣習に固執のあまり西欧文化を拒否するためで、政治的文化的な独立精神のためではないと見た。にもかかわらず二〇世紀に向けて清国が新帝国を建設しなければならないとき、

而して之れが競争の前路に出現す可き者、英、仏、独、魯の諸国あり。乞ふ追次に之を論ぜん。東洋に向て通商貿易上最も大切なる関係を有し、其の陰険堅忍なる性質と、狡獪詐譎《さけつ》手段とを以て、多年東洋の牛耳を握り、印度を攘奪し、緬甸を幷呑し、清国を脅迫するに亜片の購買を以てし、東洋無数の人民をして、屈辱貧困の裡に苦しましめたる者は、実に英国なりとす。（同上）

清国はじめアジア諸国の前に英仏独魯の諸国が貿易支配のために進出し、英国に至っては陰険狡知を以て植民地化を進めようとしていた。ここで雪嶺はこれら諸国の自国内における政治情勢を分析し、英国はすでに過去の勢威が日々減殺されゆく国と見、独逸も四面楚歌の状況にあるとして恐れるに足らずと見た。しかし露西亜は、

実に魯国は増大進長、未来の運命に付ては、殆ど計る可らずして、東洋の国民は到底避く可らざる大敵として、これと雌雄を闘はし、存亡孰れにか決せざる可らずして、一種特別なる性質を有する国柄なりと云ふ可きなり。（同上、269頁）

と述べるようにロシアを最も危険な国と見た。そこでこれら西欧諸国と対抗するために東洋人として取らねばならない方策は、

黄色人種にして苟も世界の風潮に応じて発達するの能力を有し、時勢則ち人物を生むの道理に違はずして、これが経営の任に当れる先覚者を出し、之を誘導指揮して東洋の面目を一変せしめば、東西の権衡忽ち顚倒して、西人却て東人に圧せらるゝに至らんのみ。……然して彼等は欧洲に在て争闘しつゝ、猶間を窃み兵を派し侵略の業を続行す可しと雖ども、是れ却て東洋の同胞を刺衝して合同一致の念を興さしむる媒介たるに過ぎずして、魯国と雖ども長城以南の地に根拠を設くるに非れば、未だ東亜の運命を左右すること能はざるなり。而して欧洲の危機は旦夕に逼り、東洋革命の好機将に熟せんとす。（同上、271～272頁）

東洋人としての中国人のなかに西洋文明を受容した優れた人物が現われ、それを駆使する先覚者になれば東洋は一新して西人の一方的活動を食い止めることが出来るとした。しかも今、欧州自体が危機の時代に入り東洋で革命を起こすのに好機が訪れたと雪嶺は時代を読んだ。

それでは本当に誰が中国の近代化に向けた任に就くべきか。雪嶺は語を続けて、

支那の経営に任ずる者は、文明の精神と野蛮の身体とを兼有すること最も緊要にして、欧米人は身神の苦痛には堪へざる処あり。支那の士人は開明の精神急に移植す可からずして、共に未だ以て適当の資格を有する者と為す可からざるなり。若し夫れ二者を並備し、東洋の風教に生長して、東西文明の衝突に由て激成せられたる革命の経略を、已に一たび実践したる勇者にして、競争場裡に出現するあらば、勝星復た碧眼遠客の咍《おもねる》こと能はざる所となるべし。（同上、272～273頁）

支那を経営するには文明の精神と強健な身体能力が必要で、それを兼備しているものこそが適任である。それはすでに儒教的風教のなかで革命を経験した日本人こそが果たさなければならない使命であろうとした。

漢、満、蒙、西、苗、猺、回教、の諸族を挙げて、宿弊痼疾を革命の洪水に洗滌し、黄色人種を積弱陵夷の極より振起して、一大新国を創設し、泰西の文化を誘導して殖産工業の策を講じ、……（同上、273頁）

中国諸民族を挙げて革命により近代化を促進し、一大新興国家を建設する必要があると雪嶺は熱く語ったのである。

雪嶺はアジアの危機からの打開を提起していたのである。それは徹底して中国諸民族をおなじアジア人としての連帯意識において支援することにあった。しかもこの事業は国家政策として行なうのではなく、あくまでも個人の行為としてであった。

茲に東洋の一国あり。人民古来君主の邦と称して、聡明節義の性を遺伝し、桜花の発する処、士気高尚廉潔にして、一志之を激せば水火の難に投ず可く、一義之を守らば湯鑊《とうかく》の苦も敢て辞せず。又た鋭敏にして夙に文明の真意を暁り、交通元より自在の地位に居れり。而して人多く地狭く、倜儻《てきとう》不羈の士、慷慨悲憤の徒、当局の為すなきに怏々とし、才略の用ゐる処なきを苦み、空しく歳華の流るゝを嘆ぜり。如何んぞ久しく故山の風景に恋々として、早く絶望の岸を離れ、長風以て多望の洋に航せざる。（同上）

雪嶺は異国に殉ずる志士仁人に呼びかけていたのである。それは植民地化を求める国家の先兵としてではなかった。

ところで一九世紀末の世界史的状況はアフリカ分割のためにベルリン列国会議が開かれ、清仏戦争があり、独逸も植民地獲得に乗り出していた。そのなかでの雪嶺のアジア認識は、ヨーロッパ列強に対抗するために国家を超えた、アジアの再生をはかるアジア共同体的構想を思わせる提言であった。しかし老大国中国の国内情勢は雪嶺の先見的意図など受け入れる状況にはなかった。この間の事情を『同時代史』において、

近く清国が新たに鎖国の殻を破り、欧米の長所を採り、日本を以て同等の後進国とし、寧ろ其の小国にして力の乏しきを考へ、之に傲りて自ら慰めんとす。両国の中間に韓国あり、両国の勢力の衝突するなきを得ず。（前出『同時代史四巻』180頁）

とし、更に、

英仏は嘗て兵を北京に入れ、支那の弱きを知るも、……清国は弱兵と知られつゝ、地広く、人多く、容易に兵力を以て運命を決せず、寧ろ貿易上に利を占むるを得策とするに傾く。日本も李鴻章の大名を憚り、其の兵の侮るべからざるを考へたれど、其の弱点を知りしは実に日本人にして、……戦へば必ず勝つべきを信ず。……清国側にては欧米と争ひ難く、日本の与みし易きを思ひ、之に威を示さんことを欲す。互に相ひ侮るの結果、早晩衝突するを免れず。（同上、181頁）

と述べるように、中華意識に依拠する清国は新興国日本からの改革の導入などに耳を傾ける所ではなかった。まして日本と清国の関係は朝鮮を磁場として拮抗していたところからアジア的連帯などはもはや絵空言でしかなかった。

明治八年（一八七五）の江華島事件を機にわが国は朝鮮に進出した。そこから朝鮮米の日本輸出による国内での米価高騰が壬午の軍乱を発生させ、その矛先が日本に向けられて排日運動にまで至った。かくして韓国宮廷内に於いても大院君派と閔妃一族が対立するなかで、韓国は日支日露間で、その時の勢力の強弱に従って自らの立場を選択する事大主義に走った。このように韓国問題は尽く中露問題となって対立し、それが日清・日露戦争にまで発展した。

わが国は朝鮮を清国の勢力から独立した国家として関係を深めるなかで、雪嶺は日韓併合も正当な海外進出として受け止めた。

或る一派の世界平和主義よりせば、土地の併合を疑問とすべけれど、事実に於ける列国競争の趨勢よりせば、拡大するか、縮少するか、其一を択ぶを余儀なくされ、若し拡大するの縮少するより祝すべくんば、此の元旦に祝意を表して可なり。況や謂ゆる世界平和主義は抽象的に失し、具体的の案を求むる場合、自ら治むるに堪へざる国民を保護し、必要に応じ之れを併合するの避くべからざるを認むるあるをや。

（「新年を迎ふる日出国及び東大陸」『想痕』至誠堂書店、一九一五、854頁）

そして清国をもはや対等な国家と見るのではなく、大改革の必要な国と見た。

文明国は単に生活及び社交の文明に止まらず、不文明に勝つの実力を備へざるべからずと漸く知らる。英国の自由貿易を開き、夢の覚めたる如く感ぜし頭脳も、欧大陸の列国競争に触れ、独帝国の飛躍し、英も世界政策に腐心し、露と仏に当り、仏と露に当るの径路を詳にし、文明も皮相に酔ふべきに非ざるを悟る。

（『同時代史四巻』182頁）

雪嶺もまた植民地争奪期の一九世紀末文明に生きた時代の子であった。それでも雪嶺は中国の内発的革命を期待し、辛亥革命に対して孫文を高く評価するなかで、

支那の共和は一時の気紛れならずして、更に根柢を具ふる者とするに当らずや。

（「支那革命後に露西亜革命」『日本及日本人』一五号、一九一七・四、『小紙庫』耕文堂、一九一八、129頁）

と述べるように、辛亥革命による共和政治の実現が中国の発展に重要であることを認識していた（前

出、長妻三佐雄『三宅雪嶺の政治思想―真善美の行方』120頁)。しかし社会状態が旧態然であれば真の革命と云えるかどうかと疑問を呈し、根本的変革のためには鉄道や教育の普及などにより国民的意識の遅れをとり戻す必要を指摘していた。

しかし雪嶺のこのような中国認識も、満州事変を境にした中国の日本批判に対しては、

国内に排日熱を煽り、巴里に日本の横暴を罵るは、悲憤慷慨の態度壮んなりとすべきに似たれども、支那に於ては古来、慷慨の士の真に国利民福に益せし者は幾人なりや。

(「日本と支那の相互態度」『東方時論』一号、一九二一・一〇)

と雪嶺の期待したアジア連帯主義を逆なでする行為として返ってきた。同時に雪嶺も、中華意識から脱却しつつあった辛亥革命以降の中国の新たなるナショナリズムを理解することが出来ず、逆に批難の矢を向けるようになった。

このような満州事変以後の推移を『同時代史』において、

我国は満州事変を戦争と認めざるを以て、之を一蹴す(引用者註、不戦条約による加盟国の義務規定)。十月二十二日、我国より延期要求ありしに拘らず、突如として理事会公開会議を開き、我国に撤退完了を要求する決議案を突き付く。我国は断固として反対し、二十四日の理事会公開会議にて、我国と連盟と正面衝突する事となり、

(前出『同時代史六巻』225頁)

雪嶺は淡々と国際連盟におけるわが国の立場を述べ、紛争の原因について、

満州事変の勃発は統制なき支那軍の挑発によって惹起されたもので、事変発生の責任は全然支那側にあり。日本軍の行動は緊急已むを得ざる自衛権の行使以外何等領土的野心なく、戦争行為を行はんとするものでもないから、不戦条約の条項に抵触するところなきは言を俟たぬ。

（同上、225頁）

と日本の立場を肯定的に記述していた。ちなみにこの時、アメリカ国務長官のスチムソンが新聞記者に発表した発言に、

「……日本は一切の国際条約に違反し、満州を完全にその支配下に収めんとする意向なりと認むべく、一方満州に於ける日本軍の行動は正に狂乱的なり」と放言す。

（同上、232頁）

とコメントしたことからも雪嶺の心情がうかがえよう。そしてこの満州事変を契機にして雪嶺は第二次世界大戦を予感していた。

帝国の外交が如何なるを適当とするか、主として勢の決する処に属し、其の勢の知るべき事あり、知るべからざる事あり。近年世界に鬱積せる趨勢は、知るべきが如く、知るべからざるが如く、多数は中間に彷徨し、眼前の是非得失を判断するに止まる。

（同上、234頁）

アジアにおいて緊張感が高まるなかで勢いの決する所とはいえ、多くは眼前の利害得失だけで物事が動いている現状を雪嶺は観察していた。そして遠からず、

日本が英米両国と戦ふべきか否か、前に斯かることは夢の如き問題とせらるべかりしに、其の

愈々現実にすべき勢の次第に高まりつつあり、満州事変は或る一地方の問題に止まるに似て、第一次世界大戦に優るべき第二次大戦の起るべき伏線の一要素たらんとは、前に人の考へ及ばざりし所に属す。（同上）

雪嶺の『同時代史』昭和篇の後半、とりわけ昭和一三年以降がきわめて簡略に記述されているのは単に戦時下の用箋不足だけの問題ではない(1)。戦争が深刻化するなかで雪嶺の思想家としての社会的責任、良知が問われていた。彼がそれを自覚していたとするならば筆が進まないないのは当然であった。そして雪嶺の東アジア観にも大きな亀裂が走ったのである。

内村鑑三のように時代に超然と生きるものは、その理念を貫くことで時代を先取りすることが出来た。しかし時代の趨勢に良知をもってするも、明治・大正・昭和前半の世界史からの国家的地滑り体験の中では、その知もどこかで破綻せざるを得なかった。例えば徳富蘇峰のように明治国家を象徴する天皇絶対主義の国体観と一体化して時代との距離を埋めるか、自ら築いてきた知に拘泥するも、歴史的座標軸の大きな地滑りに飲み込まれるかであった。

雪嶺はかたくなまでに自ら築いた概念体系に信頼を寄せていたが、その多元的価値観を以てしても自他のナショナリズムに曇らされ、それに気づいた時は自らを含めた国家の崩壊期であった。個別国家の機能を超える世界史への参画の限界を知る時、もはや持つべき筆の進まないのが良知の在り方と云えよう。

註

（1）柳田泉は『同時代史』の記述をめぐって「いわゆる日支事変以後、用紙事情その他の点を考慮して、漸く筆が簡約され、一年一回という割当てとなつて来た。（なお後の、昭和十年以後は一回に二三年分を入れたところも出て来ている）」（『哲人三宅雪嶺先生』148頁）とその事情を述べていたが、雪嶺にとってのこの間の心境は、検閲への配慮もあろうが、もはや彼の追求した良知の崩壊こそがその原因ではなかろうか。

12、三代の言論を支えた公正無私の立場

内村鑑三が主義の腐れやすい社会と云ったように、明治・大正・昭和の三代にわたって自説を貫くことは、内村のように時代を超越して孤高を守った思想家以外は何処かで挫折したり時代の流れに埋没した。時代に迎合した人物としては明治二〇年代初頭に平民主義を掲げて颯爽と登場した徳富蘇峰があった。しかし彼も日清戦争後の処理をめぐって、

此の遼東還附が、予の殆ど一生に於ける運命を支配したと云つても差し支へあるまい。此事を聞いて以来、予は精神的に殆ど別人となつた。而してこれと云ふも畢竟すれば、力が足らぬ故である。力が足らなければ、如何なる正義公道も、半文の価値も無いと確信するに至つた。

（『蘇峰自伝』中央公論社、一九三五、310頁）

これまで西欧思想を媒介にして日本社会の在り方を論じてきた蘇峰であるが、ここで初めて西欧文明の現実から学ぶことで思想転換を余儀なくしたのである。さらには明治国家の終焉を機に蘇峰は天皇

制国家体制を護持する思想家として時代の中に埋もれてしまった。

それに対して雪嶺の場合は、変化する国際状況のなかで当事者を超える第三の道の可能性を、海外旅行体験をふまえた知識など物事の両端を見きわめ、公正無私の立場から『中庸』を選びとっていたと云えよう（「三宅雪嶺の人と哲学」『長谷川如是閑集一巻』岩波書店、一九八九参照）。現にある日本の国家的存在性を前提に、その状況下での公正な判断が雪嶺らしい思想として貫かれていた。

そのためには官に身を寄せては判断が偏ってしまうので、雪嶺は東京大学を出た直後は官立大学に籍を置いたこともあるが、官僚的体質になじめずさっさと辞表届を提出したように、それ以後は民の立場から、自らの責任で公正な判断の追求できる第三の道、ジャーナリストとしての生涯を全うした。この雪嶺の言論活動のなかでひときわ目を引くのが社会主義思想に対する関心であった。

二〇世紀に入った明治三三年頃から雪嶺の主催した第二次『日本人』や『新仏教』（一九〇〇年創刊）誌上において、社会主義者の文章が寄稿されたりしてその交流が顕著に見られ、社会主義者から公平の人として信頼されていた。例えば堺利彦も、
僕は兎にかく現代に於いて雪嶺先生を以て最も公平にして偏頗なき批評家だと思つて居る。……先生は兎にかく最も公平な人である。若し他日、資本労働の大紛議でも起つて、誰か公平な人に仲裁を頼むと云ふ様な場合があるとすれば、雪嶺先生は確かにハマリ役の仲裁人だと思ふ。

（「雪嶺先生ポッポッ評」『へちまの

花』より『堺利彦全集四巻』中央公論社、一九三三、228頁。なお堺の墓碑も雪嶺によって書かれた）

と語っている。それもそのはず、雪嶺は折から激化した足尾鉱毒事件では田中正造を支援し、谷中村に夫婦で出かけて現状を視察し、村を追われた村民を救済するために島田三郎や矢島楫子らと共に救援会を東京で結成するなどなにかと支援した。足尾鉱毒事件に関しては「賤民の義勇」において田中正造について、

唯だ足尾銅山の為めに困苦を極むると認むる所に対し、全力を出だして奔労し、其の困苦の救解を以て生命とせり。（『妙世界建設』実業之世界社、一九五五（第二版）、701頁）

とし、

彼にして叫ばざりせば、今尚ほ鉱毒を以て不知不識の間に害を受くる者少からず、この一点に於ても彼に感謝すべし。（同上）

と田中の功績を評価した。

更には幸徳秋水らによって計画されたとする大逆事件を機に、わが国では社会主義への厳しい取締まりが行なわれた。そのなかで雪嶺は大逆事件で死刑の判決を受けた幸徳秋水の著『基督抹殺論』に序文を書き与えたのである。

また大正九年（一九二〇）東京大学助教授の森戸辰男が「クロポトキンの社会思想研究」を『経済学研究』創刊号に寄稿した際、危険思想を宣伝するものとして筆禍事件を起こした。この時も雪嶺は

特別弁護人として法廷で弁護した。しかし大審院で棄却され敗訴したが、雪嶺は道理に立脚して良知の立場を展開した。

このように社会主義にとって冬の時代にあっても、雪嶺は敢然と社会主義への理解を示したのは、すでに第八章『同時代観』において述べたように大塩陽明学に見られた儒教思想への揺るがない信念からであった。

第二桂内閣の時、何人の考案にや、危険思想といふ語の出て、社会主義に類せる事、無政府主義に類せる事を指すに用ゐらる。……此等は欧米の或る部分に唱へらるゝを請売するに於て事大主義なるも、之が為めに物質的に何の得る所なく、唯だ警察に圧迫せらるゝの損失を招くのみにして、若し名誉狂ならば、其の狂的熱心を他の方面に発する暁或は何等か世に益する所あらん。昨日の無政府主義者が、今日の忠君愛国者と為らざるを保証すべからず。幸徳は忠君愛国者が無政府主義者に変ぜし者、更に無政府主義より忠君愛国に変ずるの有り得べき事なりき。無政府者たる間の危険なれど、……強者に従ひ、泣く児と地頭に勝たれず、お上の御無理御尤として経過せば、能く秩序を維持するを得んも、唯だ秩序を維持するに止まり、少しの発展する所なく、遂に漸く衰微すべきに非ずや。(1)

秋水は元はと云えば忠君愛国者であったが無政府主義者になったように、政府の寛容な政策変更でまた忠君愛国者にたちもどる可能性もある。いずれにしても強者に立ち向かうものに抑圧ばかり加えれば、社会秩序は維持できても社会発展への芽が摘み取られ、そのような社会はやがては衰退するであろうと、社会主義を蛇蝎視する政府に異議を申し立てていた。

このように雪嶺が社会主義者に対しても公正な視線でとらえていたのは、わが国の社会主義には儒教的な民を基にする王道的政治論があり、それは幕末の大塩事件以来、政治に問われてきた継承すべき思想としてあった、雪嶺はこのような陽明学的儒教に深く依拠していたところに彼の公正観が存在し得たのである。

このように見てくると雪嶺の公正無私な立場は、随所に光り輝いていたことが分かる。例えば教育勅語の根幹にあるのは忠君愛国の思想である。しかし明治末年になるとそれが揺るぎ出していることから、国民思想の頽廃をどうすれば回復することが出来るのか、雪嶺は敢て教育勅語を論評することに躊躇しなかった。

……要するに忠君愛国の念を弱むるの傾向あり。之を憂慮する者の少からざるが、大抵防止の方法として、愈々益々教育勅語を普及すべしといひ、而して事実に於て、勅語の奉読の、徒らに形式に流るゝを認めざる能はず。

（「国民思想の頽唐を防ぐの便法」『想痕』605頁）

しかしその原因は、

遠きは旧幕の遺習よりし、近きは明治政府の顕官が一面に於て国民を政治より遠ざけ、一面に於て自家の栄華を計れること、頗る与かれりとす。初め深く慮らず、当面の煩累を避けんとせしなれど、毫釐《がうり》の差、千里を致す。数十年間少国民の間に長成せる習俗は、容易に変ずるを得ず。政府の衝に当れる者が悉く責に任ぜざるべからざる中にも、最も関係の多きは、元老及び学政当局者なり。

一派の学者は、政府即ち国家とする程にて、国家思想は政治思想と相ひ離るべからざるに、学政当局者は、事毎に教育家及び青年を政治より遠ざくるに務め来れり。（同上、605〜606頁）

為政の掌にある者や教育政策に携わるものが青年を政治から遠ざけてしまったので、政治思想として忠君愛国の心が育たなくなったと指摘した。加えて雪嶺は為政の掌にある者が、

権勢を利用して法外の美田を買ひ、寵商と結託して不正の利益を貪るは、忠君愛国か、利身愛家か、疑なきを得ず。（同上、607頁）

為政者が富豪の列に連なり忠君愛国を営利事業にする者への批判を隠さなかった。そしてその解決策として雪嶺は、

国民思想の頽唐し、忠君愛国を滑稽視せんとするを匡救《きやうきう》するには、青年をして政治に趣味を覚えしむると、元老をして私財を以て公共事業に参加せしむるとより、便歩なるは無し。（同上、612頁）

と青年の政治的関心を高めることと為政者の私欲を戒め、私財の公共事業化を主張した。そして時代が明治から大正期へと変遷するなかで、君民関係を接近させるために天皇の親民化を求めた。

このように見てくると雪嶺の公正な言論活動は、常に民の側に身をおいて状況を糺していくと云う姿勢が貫かれていた。そしてこれこそが雪嶺哲学から生み出されてきたものであった。その雪嶺を以てしても一五年戦争期に文筆を狂わせたことに私たちは深く自戒すべきである。

註

（1）「事大思想は危険思想と孰れぞ」（『想痕』至誠堂書店、一九一五、623～624頁）。なおこの頃、大阪において石崎東国が大阪陽明学会を設立し、学会誌『陽明』のなかで中江兆民の足跡を論じた。そのなかに幸徳秋水らの大逆事件にも触れるところがあったので、東京陽明学会の井上哲次郎から危険思想として非難される事件がおこった。この時、雪嶺は大阪陽明学会の賛助会員になったり、学会誌の題字「陽明」に自らの著書『王陽明』からの転載を許可するなど大阪陽明学会の活動を支持することで、身を以て危険思想云々の風潮の愚に対処した。

13、人は稟性と境遇に生きる

雪嶺はその生涯に評論・随筆・教訓書など三十数冊を世に送った。あまり知られていないものに偉人言行研究会編『志行一致を計れ』（城北書房、大正八年〈一九一九〉）があった。これらの著書の中で『想痕』はその量と質において頂点をなすものであったが、この『想痕』と肩を並べるものに、明治四一年（一九〇八）から大正一〇年（一九二一）にかけて『日本及日本人』に書かれたものからなる『妙世界建設』（実業之世界社、昭和二七年〈一九五二〉）があった。雪嶺の哲学体系形成期と並行して書かれた作品だけに、ここには哲学の原点ともいうべき人間の生き方を問う文章を軸として構成されていた。それぞれテーマを異にした文章でありながら、人間の一生を如何に生きるべきかが論じられていた。

維新以来、明治国家は紆余曲折しながらも世界の競争場裏で自立する国家として歩むなかで、この社会にかかわる人間としていかにあるべきかを語ったものが『妙世界建設』であった。それは単なる内向きの克己を説く精神修養論ではなく、自ら社会の在り方に深く関わる人間としての生き方を問うものであった。

利欲を追い求める世俗的な生きざまに対して雪嶺は、

然り貪夫、烈士、夸者《こしゃ》、衆庶、老や、弱や、簇々として原野烟叢の草艸に彷彿たり。坐に問ふ、皆な能く人生究竟の目的に適合し居るか。

（「哲学涓滴」『明治文学全集33・三宅雪嶺集』筑摩書房、一九六七、146頁）

と自らに問い、

嗚呼吾人胡為《なんすれ》ぞ茲に在るや、東を望むに浩々乎として界限なく、西を眺むるも浩々乎として界限なく、往に溯るに超々乎として究極なく、来を推すも超々乎として究極なし。此の無限の寰宇無究の世代に暫く微々たる蠢道を為すは、抑も何の目的あるか。豈に生まるゝや偶然にして、蠢爾たる鳥獣と倶に果肉の厚味を嗜み、樹影に謳曲を謡ふに停まるか。将た顕はるゝや必然にして、遍在の聖霊と共に造化の妙趣を感じ、乾坤の宏壮を欽じ得るか。

（同上）

と、人として生まれることは偶然にして、それでいていかに生きるべきかは必然性をもつ存在として、自然の不思議な働きに感応することで天地の広壮さに喜びを感じ取る人間になる必要を説き、それこそが哲学への道とした。かくして、

故に哲学士の眼を閉ぢて冥想し、精神を脹大し、宇宙と合同し、聖霊に比擬し、上帝に接近する

に及では、愉快の無限無辺なること、傍人の思議すべき所に非ざるなり。（同上、147頁）

ともかく、精神を大きく漲らせて宇宙と一体化することは天の摂理の扉を開くことで、人の生き方として最高の喜びで、他人の云々すべき事ではないとした。

このような生き方により広く共感を得るために『妙世界建設』が書かれていた。まず冒頭の「妙世界建設」に於いて、絶大な宇宙に在って人類はその一小粟粒に過ぎず、絶大な宇宙に在って我の如く考え我の如く行なうのは人類だけである。ところが、

世間動《やや》もすれば物質と精神とを対立し、延長と思想とを対立するが、物質が無限多なりとて、非物質なる精神より富むとすべからず。延長が無限大なりとて、非延長なる思想より大なりとすべからず。……宇宙を宇宙とするは唯だ我が人類、我に於て之を宇宙とせずんば、宇宙何かある。（「妙世界建設」『近代日本思想大系5・三宅雪嶺集』186頁）

ここではデカルト的な二元論が批判され、宇宙を認識するのは認識主体としての人間の思想的営みで、人間による宇宙との一体化が前提されていた。その上で人間の活動舞台としての地上世界、即ち歴史に生きる人間の在り方が論じられた。

人間世界で遭遇する物事には真実と虚仮とが錯綜し、人間社会は絶えずそれを選択して淘汰する必要にせまられ、社会進歩とは真実の虚仮よりの脱出を指すものとした。

例えば、

英国は他に先んじて自由を唱道し、自由を獲得し、更に自由を以て利益を得んとし、自由貿易を主張し、之を実行し、大いに国を富ませり。……実に英国が自由貿易にて得る所の大なりしを認むべきも、他国も同じく斯くて利益を得るとすべからず。利益を得たるあれど、之を得ずして損害を招きたるあり。……現在の社会組織にては、或る少数者が自由を以て大に利益を得べく、他の多数は其の少数の圧迫を被り、奴隷の境界に陥るに至らざるべきや、之を思ひ、之を考へ、種々の案を立つ。国家の事情に依り、個人の事情に依り、幾案皆な一得一失あり。（同上、193頁）

と述べるように、自由と云えどもそのおかれた状況で真実となるがまた一方で虚仮にもなるように、真実と虚仮との関係は何物にも之れ有り、天地万物此の関係ならざる無し。（同上、196頁）

と断言した。雪嶺はさらに人間界に於いて正善と邪悪、偽善と真善そして国家間の戦争に於いても、維新戦役は西南戦役の前提、西南戦役は日支戦役の前提、日支戦役は日露戦役の前提、日露戦役は現世界的大戦役の前提なり。現戦役の起れるは純粋の動機よりせず、人道といひ、正義といふの反面、自国の利権を念とするの明白にして、（同上、201頁）

と、個人と云わず国家においても、わが利益を追求する競争の巷の出来事とした。そこから日本の在り方を考える時、

若し日本に於て何時迄も欧洲を標準とせば世界の進運に取残さるゝを免れず。他の短所は断じて採る可らざれど、其の長所を採るに何の躊躇すべきぞ。（同上、207頁）

と改めて日本主義の何たるかを指し示した。

雪嶺にとって哲学するとは浩然の気を養うこと（前出『哲学涓滴』148頁）であった。しかし浩然の気とはどのような心の有り方を云うのか『哲学涓滴』でもそれほど丁寧な説明はなされていなかった。しかし本書において「浩然と自由」と題した東洋的自由論が展開されていた。

一切万事程度問題にして、単に東洋に限ると、単に西洋に限ると、共に誤謬に属し、東洋に存在するは必ず幾分か西洋に存在し、西洋に存在するは必ず幾分か東洋に存在し、唯だ何の程度まで存在するやを尋ぬべきのみ。東洋に於ける「自由」の語は、語こそ古けれ、半世紀来理解し来れる意義は訳語に係り、之を口にする者は皆な訳語として解し、或は東洋と西洋との分かるゝ所の此に在るを説く。（「浩然と自由」『妙世界建設』実業之世界社、一九五五（第二版）、380頁）

と述べるように、雪嶺は東洋にも自由の語が知られる前にすでに東洋的自由が、近世末以来、時代の変革を求める志士たちの間に、浩然の気が体得されていたことを明らかにした。即ち、

孟軻《もうか》は自らの心を動かさゞる工夫を問はれ、「我れ言を知るに、我れ善く、吾が浩然之気を養はん」と言ひ、更に何をか浩然の気と謂ふと問はれ、「言ひ難きなり、其れ気たるなり、至大至剛、直を以て養ひ而して害無し、則ち天地の間を塞がん、其れ気たるなり、義を道と与に配し、是れ餒《うゆる》無きなり、是れ集義の生まれる所は、義を襲つて之を取るに非ざるなり、行ふに心に慊《あきたら》ざる有り、則ち餒《うえ》ん」と言へり。（同上、382頁。「　」内は引用者にて書き下す）

と述べるように、

「浩然」は唯だ広きを形容するの語、……而して之を「気」と称するは故なきに非ず。人が天と合するを考ふるは呼吸の息の空気に混ずるよりすること最も多く、彼の蒼々たるは天、吾が息は之より取り、之に返し、之と合一するを認めざらんとして得ず。吾が呼吸する所は天地の気、一呼一吸、皆な天地に関するを考ふ。（同上、385～386頁）

天地の気と一体になって誰からも干渉されない広々とした心をもち、誰とでも堂々と応対できる、いわば自由な精神の体得を述べるものであったとした。結語として雪嶺は、

東洋は現在の意義を以て自由の語を使用せざりしのみにて、古来自由思想あり、特に日本に於て然り。孟軻が浩然の気を喝破せしは最善の意義に於ける自由を唱へし者にして、能く之を理解し得たるは、日本人なり。（同上、427頁）

と日本人がよく自由の意義を理解し、その自由の気性は古くから東洋に伝わる意識とした。薩長政権主導の明治国家が終焉するなかで雪嶺は新しい時代の到来を期待し、それを切り拓かんとする仁士にエールを送らんとしたものであろう。

それにしても大正期に入ると、明治国家の富国強兵政策の下で忍従を強いられてきた民衆の自覚は、労働運動の高まりとして自らの存在性を主張し始めた。雪嶺の『同時代史』に於いても、大正八年に世界大戦後の影響として各国の労働運動の高揚が述べられ、そのなかで、

我国は欧州に較べて労働運動の微弱なるも、前に無かりし運動の起り、前より幾分の徴候ありし運動が本年に入りて前と比較すべからざるに至る。
（『同時代史五巻』151頁）

と労働組合の組織状況に始まり大正八年（一九一九）に至り全国的に労働組合組織が急激に組織化されたことを伝え、更にそれに伴なう同盟罷業の発生が四九七件に上ることが具体的に記録されていた。

またこれらと連帯する大正デモクラシー運動の旗手としてあった、東京大学を中心とする「新人会」や早稲田大学の「暁民会」「建設者同盟」、明治大学の「オーロラ協会」など学生の動向や、森戸事件なども雪嶺にとっての関心事として伝えられていた。

ところでこれらの社会運動はしばしば対立を激化させ、資本の側は官憲を要請して暴力的応酬の場となった。このような大正時代と云う新しい状況下でも『同時代史』の客観的記述だけでは、社会運動に対する雪嶺の本心は読み取りにくい。しかし私たちはそれを『妙世界建設』のなかに見ることが出来た。

少し差別的な表題であるが「賤民の義勇」と云う文章があった。時代は近世中期以降のことであるが、都市民が、米価を始めとする諸物価の高騰に苦しんだ。その要因は藩財政を預かる武士層と大商人の癒着に始まり、投機的な買占めや凶作による影響で、都市の弱少民は生活をおびやかされてきた。その結果、騒擾事件が発生したことや、また農村では苛斂誅求から百姓一揆が発生したことを指摘し、これらの現象は、

是れ百三十年後なる大正七年の米騒動と全く相ひ同じく、（前出『妙世界建設』692頁）

米騒動における団体運動はやがて一転して同盟罷業となることを告げていた。しかも米騒動は単に買占め屋を破壊するだけであるが、一たび有力者がこれを指揮するに至れば大事件になるとした。ここで雪嶺は木内宗吾と大塩平八郎の事件に言及した。

木内宗吾は農民の利益を擁護せんとし、大塩平八郎は商民の生活を保全せんとし、[1]各々歩士以外の力を以て世に為す所あらんとせり。宗吾にせよ平八にせよ、皆な民権運動にして、其の規模を大にせば欧米の革命的事変を見るべき者、特に平八は貴族富豪の暴慢を憤り、大打撃を与ふるを期す。日本に民権運動なきに非ず、唯だ其の規模の甚だ小、平八に於て稍々注意を値ひするを覚ゆ。（同上、699頁）

と大塩事件の社会的意義を問わんとした。そして雪嶺は最後に足尾鉱毒事件で戦う田中正造の行動を以て総括とした。

田中は外国より知識を得ず、内地の書を読むことも少く、旧幕の習慣にて成長し、旧幕の思想にて養はれたりとすべく、而して旧幕時代に例を見ざる運動の為めに身を献ぜるは、資本の勢力といふ一新現象の出で来れるに職由す。（同上、702～703頁）

このようにいずれの時代に於いても社会の底辺を支える庶民生活が成り立ちがたくなる時、その変革を求める運動が社会の底辺から発生することの必然性に対して、雪嶺は暖かなまなざしで見つめていたことが窺える。

ところで新時代に対処する民衆の動向に対して、社会的に何かを為さんとする人間の生き方に言及したものが「如何に一生を送るか」であった。まず人は天から与えられた禀性《ひんせい》と境遇に応じて為さんと欲するところを為し、自らを是とし、自らに違えるを非として自己実現することであるとした。

その時、久しきにわたって事業の遂行につとめるには、それなりの年限がかかりその成果を得るためには専門化を必要とするとした。しかもその目的を達成するには可能な限り専門の幅を広くし、多方面に対応できる知識の有効性を指摘していた。

このような社会的自立の生き方に対して、

今日最も利益の確実なるは、官庁及び銀行会社にして、才ある者の争て就かんとする処なるが、此等は国家又は社会に於ける重要なる機関にして、其の俊才を吸収し、俊才も進んで赴くの望ましけれど、普通に採用し普通に採用せらるゝが如くんば、果して適処に於ける適才なるや疑はし。

（同上、80頁）

雪嶺は大学を出た有能な人材が官庁や会社で、その才能を十分発揮し得るような環境に置かれているのか、とりわけ彼らの内で、

官庁に入りて長官と為る者幾人、……多数の尽く最上級に昇進するを望むの無理なるも、十五年勤続して恩給を受け、貸家して余生を送る如き、俊才とし生まれし者に相当せる事なるか。……

職務上の才能よりも、元老に取り入るの才能を以てするあるが、高等官は、文官六千五百人、武官は一万五千人、単にその一員たるを以て甘んずるは、言ひ甲斐ある沙汰なるか。（同上、80頁）

役人になり職務上に於いて才能を発揮するのではなく、元老に取り入り官職の栄進を果たすだけでは人々からの期待を果たしたと云い得るのだろうか。青年期に優れた才能をもちながら、その才能を用いなければ抜きんでた才能も早く頭打ちし、やがてまもなく才能も消失するものである。そのため官庁に於いて、

大に才能を伸ばさんと欲せば、成るべく依頼心を少くし、成るべく自恃心を多くし、倦まず撓まず己れの目的とする所に向かふべし。……血気の壮んなる青年期に於て、一生を通じ何等か大に為す所あらんと志ざしたるべく、思ひ立つ所必ず遂行すべしと限らざるも、早く着手し、久しきに亘りてこそ、比較的大なる事業の成るを望み得れ。（同上、82頁）

自分のめざす理想の仕事に接近するためには、自分の考えを前面に出し、官僚生活の安泰だけをはかるような上司の命令を諾々と受けていてはならないなど、マックス・ウェーバーの『職業としての政治』ではないが、公吏と云えども理想を掲げて取り組む職業倫理について言及していた。それは我国官僚制度の形成期に相応しく、官僚的無気力を批判する一方で才能ある気鋭の少壮官僚として、公共的政治をめざす職業人のあり方を示唆するものであった。そしてもし、

適材の不適処に置かるゝの不幸なるも、不適処に置かるゝは、多くの場合、己れの罪ならずや。

不適処なるも、自ら不適処なるを感ぜずんば致し方なし、若し之を感ずれば、進んで適処を求むべし。……己れの事は己れ自ら処すべく、己れの適処は己れ自ら求むべし。（同上、86頁）

若かりし頃、雪嶺も官を去って民に走り政教社に参画したように、天から授けられた才能に従い、人にはそれぞれ為すべき事があるように、自らの生き方を選ばねばならないとするのが雪嶺の人生観であった。

註

（1）大塩が都市の弱小な商工業者の為に事件を起こしたとするのは、大塩の『檄文』に在るように雪嶺の誤解である。

14、一五年戦争と『人生八面観』

> 柳田泉は『同時代史』の解説で一五年戦争期の雪嶺の文筆の抑制や欠落について、
> 日支事変以後、用紙事情その他の点を考慮して、漸く筆が簡約され、一年一回といふ割当てとなつて来た。さうして、日清戦争以前に眼立つことは、特に何年目かに何回かつゞけて世界情勢を説いてゐる。日清戦争以後になつて、次第にさういふ項を設けなくなつたのは、それ以後の日本は、まづ世界の活舞台に直接に出入するやうになつたといふものであるから、日本の事情が直接に世界につながり、世界の事情が直接に日本にひゞいて来る、そこで、殊更にさういふ必要をみとめなくなつたからであらう。（柳田泉「三宅雪嶺と『同時代観』」前出『同時代史一巻』573頁）

と述べていた。しかし用紙不足だけで一五年戦争末期の重大時期を簡略化したとは考えられない。またその他の事情を考慮したとしても、この時期の雪嶺に戦争遂行者としての軍閥政権から距離をおく批評精神が、必ずしも十分に発揮されていたとも思われない。

例えば『人生八面観』はまさに一五年戦争期の執筆であり、『同時代史』に収まり切らない雪嶺の偽らざる今一つの顔をのぞかせていた。それは人間社会に在って、その状況に応じた認識の変化は避けられないとするものか、それとも何のわだかまりもない心からのものであったとするのか。それにしても中国をはじめとする外からの視線、世界情勢を我が国運と云う価値観で切り捨てたことが『同時代史』の命脈を絶えさせることになったと見るべきではなかっただろうか。

いずれにしても一五年戦争の末期、昭和一八年に娘婿の中野正剛が東条内閣打倒運動の首謀者として逮捕され自刃するなかで、一九年になると敗戦を予感させるアッツ島玉砕以降は、雪嶺の時代を見る良知からもはや書く術を失ったと見るべきであろう。

従ってアメリカによる大空爆下の国民生活の惨状も『同時代史』が後世に伝えるべき重要な記録であったにもかかわらず、遂に筆にすることをしなかった。それは雪嶺その人の歴史哲学の挫折であり、良知の哲学の終焉と云うべきであった。

雪嶺は『同時代史』の最終章でもってその思想的生涯を閉じたのである。その意味でも『人生八面観』は明治のナショナリスト雪嶺を烙印づけるものであった。

雪嶺が一五年戦争期とどう向き合ったかを示すものが『人生八面観』であった。雪嶺は幕末明治維新期の西欧諸国からの政治的・文明的圧力に対して、その対等化をはかることで国粋保存主義を主張し、アジアそして自国文化の政治的文化的存在価値を訴えた所である。このような物事に対する多元主義的相対観は雪嶺の終生変わらざる文明的視点であった。当然、本書においても史実を古今東西の歴史に求める比較史的視点は如何なく発揮されていた。このような視点からの執筆は、一五年戦争期の文章でありながら決して激情的な表現はなく、淡々と述べることで読者自身に判断を求めるものであった。

しかし日清・日露の戦争、そして第一次世界大戦への参戦を通して国運が高まり、アジア人のアジアをめざしてその先頭に立つことを日本の使命とする雪嶺のアジア観は、変わることなく貫かれ、満州国の成立を始め、中国の資源開発を進めるための一五年戦争は肯定されてきた。ちなみに矢内原忠雄『満州問題』（岩波書店、一九三四）が眼にふれていれば、少しは雪嶺も考える所があったと思われるが、雪嶺の至知はそれにには届かなかった。

日中戦争が開始された時の雪嶺の戦争観についてみると、先ず「永遠の平和は可能か」とかつて徳富蘇峰が国民主義を鼓吹した際に大きな影響を受けた、コブデンの二〇世紀は平和の時代とした説の幻想に終わったことを指摘し（「戦時に修得すべきもの」『人生八面観』実業之世界社、一九五五、110頁）、人類の進化は必ずしも平和への過程ではなく、闘争・殺戮の過程として、戦争の準備を欠く国家は気力・身体共に虚弱の国民からなるとした。

一旦緩急ある時一切をなげすてゝ平然たるべき心得を備へることが人間として最も力を伸ばす所以とならう。……人間が戦争するのは幸か、不幸か考へやうによるやうであつて、戦争することの出来ないやうな者は戦争しなくても幸福らしい生活を得るにたへないものとして誤らない。昔から治に居て乱を忘れずとか、文備あるものは武備あり、武備あるものは文備ありといつたりしたのは、人として戦争するに避くべからざる心得をいつたことになる。（同上、114頁）

敗戦を体験したことのない雪嶺には戦争に対するアレルギーがない、近代戦争にあたかも中国古代の春秋戦国時代の感覚で臨んでいたことが分かる。

日中戦争が長期化の様相を見せるなかで戦争目的そのものの正当性として雪嶺は、

我が帝国は、向上の希望に燃え、国運の発展を確信して誤るところがない。……国力を増して、徒らに他国を侵略しては、自国の民の幸となるとも、他国の民の不幸となり、差引世界人類に何の利益を与へないことになるが、我が帝国の場合はさうでなく、国運の発展は直ちに世界人類の幸福を増進することになる。（「長期戦下の上層階級と下層階級」同上、418〜419頁）

日中戦争は世界の人類を幸福にするための戦争であると云う、なんと自国本意な独断的判断であろうか。それでは何が世界の人類に役立つのかと云えば、

東洋に無尽蔵の資源が埋没しその儘になつてをるのは、我が日本民族が指導者となり、東洋人の手で開発すべき順序になつてをるのでないか。……何かといへば、必需品の売出しを制限したり禁止したりしようとする。英国や米国や仏国や、文明国の先頭に立つやうに誇りつゝある国で、買はうとするのを売らず、物資の窮乏で困らせようとする。……今日英米仏の行ふ所は、未開人

に毛の生えた位に過ぎぬ。

(「日本人の生活の強味と弱味」同上、273頁)

西欧列強のブロック経済を前にして、日中戦争を資源開発をめぐる戦争と位置づけているのである。

そして雪嶺は、

当然の道を踏んで当然のことをすれば、新たに無尽蔵を開発し、東洋に新天地を展開することが出来る。大地自然は、実に日本人の着手するを待つてゐたと称して誤るまい。流石に事変が切迫し、日本で不自由を感ずるところがあるにせよ、これを感ずるのは、やがて大陸に大発展を遂げる所以となる。

(同上、274頁)

正義のために戦争をすれば中国大陸の大自然は日本人による開発を待ち受けているのである。ことここに至って雪嶺は帝国主義的な大陸侵攻政策に何の疑念もなく肯定していたことが分かる。この中国大陸開発観はすでに明治二十三年に書かれた「亜細亜経綸策」において展開された視点でもあった(11章「雪嶺の東アジア観」参照)。従って国民に向かっても「真に働き甲斐ある時局」として、

未曾有の時局は我が国運の躍進を促すものであつて、それほど働き甲斐ある時代が滅多にあるべきでなく、斯かる時代を呪ふのは生来の怠けものか、罪悪で世を過さうとするものであつて、さういふものこそ最も始末が悪いとすべきであらう。

(同上、357頁)

日本の発展を約束する戦争期こそ国民にとって働き甲斐のある時代として、戦争を呪う平和主義を怠けものと称して批判した。さらにその挙句の果てには戦争で死ぬのと同じくらい、自然災害でも人は

死ぬものであると、生死からの超越を人間の運命として比較して見せた（「戦争と人類の進歩」同上、470頁）。

雪嶺思想の特徴は常に民の生きざまを視点にして論じてきたところにあった。しかしこれでは民の命が戦争の前ではきわめて軽く扱われていたことに、雪嶺思想の逸脱を指摘せざるを得ない。

雪嶺がさっそうと論壇に登場した時、藩閥政治に対して政党政治への大きな期待を示したことがあった。しかし太平洋戦争に突入という危機の時代に、その政党政治が空中分解し、軍部主導の体制に雪嶺は期待を寄せるようになった。

藩閥内閣が官僚内閣となり、更に政党内閣となり、一時世間で歓声をあげたが、政党の弊害が、官僚に譲らず、藩閥にも譲らないと知られたころ、英国でも他の国々でも従来の政党と方向を転換するを余儀なくされたところがあり、……

政党内閣を以て兎も角も藩閥及び官僚の弊を矯め、更に政党内閣の現代に不適当なるを認めるや、これを棄てること弊履の如し。この非常時に臨み、帝国の使命を全ふするに甚しく謬るやうなことなく、東条大将が組閣の大命を拝し、独伊両国と枢軸の力を発揚するに於いて、中外の希望に沿うべく期して待つことが出来る。（「軍人首相論」同上、198頁）

戦争遂行に効率のよい軍人主導型の内閣に賛意を寄せることは、雪嶺自身が期待した民意を代表するイギリス型の議会政治を否定し、軍人主導による軍事優先の政治を容認するものであった（「明治維新と昭和維新」同上、376～377頁)。これではアッツ島の玉砕を聞けばもはや筆が執れないのは当然であった。雪嶺思想はそこですべてが尽き果てたのである。

『同時代史』末期の空白は雪嶺の失意の現われであった。このように戦争期と云う国家にとって難局を切り抜ける手段として一時的に軍閥を容認しながらも、戦後『同時代史』の続編として書かれた中で、はやくも「軍閥は弊害より大罪」と批判した。しかし軍閥を告発する前に言論人としての自らへの厳しい自省が雪嶺にも求められる。

おわりに――雪嶺哲学とはなにか――

昭和戦前期までのわが国の思想界では雪嶺に私淑する人々、例えば長谷川如是閑や丸山幹治などの時代を代表するジャーナリストの間では雪嶺哲学が評価されていたが[1]、こと哲学界では雪嶺の業績を哲学思想として評価されることはなかった。それが証拠に雪嶺を東京大学で教えた井上哲次郎の『明治哲学界の回顧』(『岩波講座哲学』一九三二)に於いては、同学の井上円了の仏教哲学について触れる所があったが、雪嶺哲学に至っては完全に無視されていた[2]。

雪嶺の人柄と公正な思想を評価する人々(本山幸彦「解説」前出『近代日本思想大系5、三宅雪嶺集』370頁)をよそに、本山は、

雪嶺に関する思想史的、あるいは哲学的研究は、現在にいたるまで(引用者註、一九七五年)ほとんどなされてはいない。(同上、370頁)

と述べているように、昭和期はもとより平成期においても雪嶺哲学の全体像を解明した著作の見当たらないのが実情である[3]。その理由として本山は思想史の対象として関心を呼ぶのに二つのタイプがあ

ると云う。そのひとつはその思想が現代に対して何を問いかけているかであり、いま一つはある時代の思想としてその時代を象徴する歴史的性格を備えるものでなければならないと云う。

しかるに、雪嶺の場合はその何れの側面も不徹底であり、彼の思想には現代に問いかける強い問題意識もなく、かといって明治の思想として歴史的に完結してもいないのである。いわば中途半端でとり扱いにくい思想である。このような不徹底さは、雪嶺の思想的活動が、明治二十年代から昭和二十年にいたる長期的なものであったのに反し、その思想的生命が躍動していた時代は、必ずしも長いものではなかったことによると思われる。（同上、371頁）

と、雪嶺哲学が現代に問いかけることにおいて問題意識に乏しく、明治期に形成された思想でありながら歴史を超える在り方から、中途半端で曖昧な不定型な思想として逆に魅力に欠け、敢て云えば、かつて日本の独立を目指した民族的バイタリティーを吸収した明治の思想と見るのが正しい評価とされていた。

この本山説のように雪嶺思想は研究対象になりにくいとされていたが、この本山説そのものが果たして雪嶺思想の特性を十分に把握しているかと云えば、すでに「雪嶺哲学の構想」において述べたように、やはり疑問が残る。

例えば雪嶺がそれぞれの政治の局面で時代に向かって問いかけた言説そのものに、雪嶺哲学から発するものがあったことが雪嶺の文業の特質であった。また近代国家形成をめぐるある時代の性格を象徴することがなかったことは、徳富蘇峰の国民主義と違って雪嶺の日本主義はその表象に反して極めて普遍的であったように、常に時代を超えて近代国家を批評する原理的思想を内蔵していたところに、ある限られた時期の象徴的存在としての言説ではなく、逆に生命力ある思考方法を体得した稀有な思想的営為と見るべきではなかろうか。

従っていま雪嶺の哲学思想を問題にするのは、単に明治の思想としてではなく、雪嶺の日本主義と云う比較文化的在り方の方法論的可能性を、近代日本思想史上において検証するためである。

すでに述べたように彼の哲学は大塩陽明学の太虚に発する宇宙論的構想の哲学であった（「宇宙」前出『現代日本文学全集第五篇・三宅雪嶺集』72頁）。即ち、

彼の満天無数の列星より、あらゆる万有を包括せる斯の大宇宙は、亦実に絶大の機関を形成し、而して亦実に絶大の心意を具備する也。（「我観小景」同上、36頁）

とあるように、宇宙も人間の心意を共有する実在として認識し、今日に至る明治・大正・昭和の哲学界にはない有機体としての宇宙を軸とした壮大な〈万象渾一の観念〉のもとに人間存在が論じられ、世界史的な比較論的視点からする〈『同時代史』〉も構成されてきたように、西欧哲学の流入によって自らの座標軸の定まらない外来文化としての日本哲学ではなく、大塩陽明学的良知を認識論として近代社会に立ち向かう哲学として存在するものであった。(4) 人間を宇宙と云う大自然からなる空間と歴史と云う時間の流れの中にある自覚的存在として、万象渾一の観念として追求したのが雪嶺の哲学で

あった。

ところでK・レーヴィット（一八九七〜一九七三）が『世界と世界史』において哲学の在り方を、

存在するものの全体は伝統的に神と世界と人間とに区分される。……人は世界と人間を理解せんがために神から始めなければならないか。それとも、神と世界を理解せんがために人間から始めなければならないか。それとも、神的なことと人間的なことを理解せんがために世界から始めなければならないか。歴史的に言えば、ギリシア初期における哲学は、自然的コスモスとしての世界の経験から始め、次いでそれがキリスト教の神と創造の教えによって陰に押しやられ、そして最後に、近代になると、存在するものの全体を人間の自意識から築き上げ、「実体」を「主観」として把握するに至る。

（K・レーヴィット『世界と世界史』柴田治三郎訳、岩波現代叢書、一九五九、22頁）

人間が世界の根源について説明するために、かつてコスモスにそれを求めたが、次の時代になると聖書の神に求め、最後は人間の自意識から世界を説明してきた。このように思惟はそれぞれの時代の要請に適った方法に従った。しかし近代の主観性の哲学もまた陰りを見せてその価値が崩壊した時、すべての存在が再び自然のコスモスから解明される哲学が求められようとしている、とレーヴィットは示唆していた（同上、24〜25頁）。

となるとギリシア初期の自然哲学か東アジアの儒教的天観念を媒介とした思想的原点が我々の前に

立ち現われる。そこにあった世界は始めも終わりもない、どこまでも変わることのない根源的な大宇宙であった。哲学の対象が時代によって変化する事象ではなく、変わることのない普遍的実体の追求であるならば、古代ギリシアの自然のコスモスか儒教的天または太虚を思想の原点にすることが求められても不思議ではない。

このようにレーヴィットが云う時、自然の根源的立場からする哲学を構想したのが雪嶺哲学の大きな特徴であった。とするならば雪嶺哲学はヘーゲル哲学体系にみられる主観的観念論を超克する脱近代哲学の探究者として、近代思想史の上においても大きな足跡を残すものであったと云えよう。

東西哲学を陽明学的儒教としての大塩の太虚の思想から宇宙を構想し[5]、公正無私の良知を尽くすことで時代を切り拓こうとした大塩思想を受容したのが雪嶺哲学であった。この隠された鍵が『哲学涓滴』の「書後に跋す」と題して、自らの哲学の来歴について語らなかった大塩の良知の哲学であった（前出『哲学涓滴』199頁）。

雪嶺哲学の根幹に大塩陽明学のあったことはもはや疑問の余地がない。雪嶺こそが近代における大塩思想の継承者として、ヘーゲル哲学の抽象的な絶対精神に対して、具体的な人間生活の歴史的実在としての生命を良知で読み解く哲学を構想するものであった（拙著『大塩平八郎と陽明学』所収「大塩思想の継承者・三宅雪嶺」和泉書院、二〇〇八）。

雪嶺の『中庸』に発する公正無私な批評精神も、大塩陽明学的な私利私欲のない生き方も、無精ひげの雪嶺像が象徴するようにその飾らない人柄を通して真善美の道を求めた碩学の言説は、時代を超えて私たちに生活者として生きる一つの優れた日本哲学の在り方を示すものであったと云えよう。

註

（1）「街頭哲学者として、ジャーナリズムに思想を与へ、哲学を与へたものは、前に三宅雪嶺あり、後に如是閑君ありといへる」（「三宅雪嶺論」『日本評論』一九三七・六月号）

（2）井上哲次郎の雪嶺哲学を無視した背景については12章註（1）参照。

（3）雪嶺思想を多面的にわたって解説したものに船山信一『明治哲学史研究』（ミネルヴァ書房、一九五九）がある。

（4）ちなみに『同時代史四巻』において、わが国近世思想家について全くと云ってよいほど言及するところがないのに、大塩思想の意義については204頁と205頁において論評していた。にもかかわらず『同時代史』索引において大塩平八郎の項目が欠落していたのは理解に苦しむ。これは出版に関わった柳田泉自身の、大塩と雪嶺の思想関係についての関心が及ばなかった結果で、雪嶺研究にとって極めて遺憾なことである。

（5）雪嶺の大著『宇宙』も、我が国講壇哲学界で軽視されていたことが、堺利彦により述べられていた（「雪嶺先生ポツポツ評」『へちまの花』より『堺利彦全集四巻』中央公論社、一九三三、228頁）。『宇宙』が無視されたことは、雪嶺がヘーゲル哲学体系に対抗して雪嶺哲学を構築したことを見落とす結果となった。

また絶対矛盾の自己同一として、無の世界に到達した西田哲学の独創性が評価され、雪嶺の実在論的宇宙哲学を評価しえなかったのは、西洋的哲学概念を難解な漢語的表現に定着させた西田哲学に価値をおく、近代日本哲学界の思想的貧困がもたらしたものであった。

《略年譜》

一八六〇（万延元年）　5月19日、加賀金沢城下の新堅町で藩医を勤める父三宅立軒、母瀧井の三男として生まれる。長男が夭折のため雄次郎（のち雄二郎）と名づけられる。

一八六六（慶応2年）6歳　河波有道から四書五経を学ぶ。かたわら地理数学を学ぶ。

一八七一（明治4年）11歳　金沢の仏語学校で学ぶも伯父の勧めで英語学校に転じる。

一八七五（〃 8年）15歳　学制改革で名古屋の愛知英語学校に転学する。

一八七六（〃 9年）16歳　上京して開成学校（翌年、東京大学と改称）の予備門に入学する。

一八七八（〃 11年）18歳　学業を疎かにして留年させられたので東京大学を退学する。この間軍人を志望して儒学に励む。

一八七九（〃 12年）19歳　家族の勧めで東京大学に再入学し、文学部で哲学を専攻する。

一八八三（〃 16年）23歳　東京大学を卒業し、同学准助教授として編輯所に勤務し日本仏教史の編纂に従事する。

一八八四（〃 17年）24歳　秩父騒動の実情を視察して新聞雑誌に記事を送る。

一八八六（〃 19年）26歳　東京大学を帝国大学と改称。その制度改革に伴ない、文部省の編輯局に異動させられる。この頃から新聞雑誌に投稿する。

一八八七（〃 20年）27歳　文部省の体質になじまず辞職する。以後、官にかかわることをしなかった。これを機に東京専門学校（早稲田大学の前身）や哲学館（東洋大学の前身）で論理学や西洋哲学史を講ずる。

一八八八（〃 21年）28歳　井上円了、辰巳小次郎、棚橋一郎、志賀重昂、杉浦重剛らと協力して政教社を設立し、雑誌『日本人』を発刊する。

一八八九（〃22年）29歳　後藤象二郎の大同団結運動を支持したが、後藤の裏切りで入閣に反対する。以後政治運動と距離をおくようになる。この年「大日本帝国憲法を評す」「日本国民は明治二十二年二月十一日を以て生まれたり」などを『日本人』に発表する。11月、『哲学涓滴』を出版する。

一八九一（〃24年）31歳　『真善美日本人』と『偽悪醜日本人』を政教社から出す。6月、『日本人』所収の論説が政府の忌避に触れ発行停止される。新たに週刊誌『亜細亜』を発行し、同誌の「我観」と題する欄に哲学的論考を発表する。この年海軍練習艦比叡に便乗して南太平洋を視察する。

一八九二（〃25年）32歳　『我観小景』を政教社から出す。11月、田辺太一の娘龍子と結婚する。

一八九三（〃26年）33歳　『亜細亜』もしばしば発行停止されたので、雑誌『日本人』を復活させる。11月、『王陽明』を政教社から発刊する。

一八九四（〃27年）34歳　日清戦争の直前に「東邦協会」の委嘱で朝鮮を視察する。『日本人』14号16号が相次いで発禁になる。

一八九六（〃29年）36歳　『日本人』に「人生の両極」を連載する。

一八九九（〃32年）39歳　『日本人』新年号の巻頭に「英雄論」を掲ぐ。2月には「西郷隆盛」を載せる。

一九〇一（〃34年）41歳　文学博士号贈られる。

一九〇二（〃35年）42歳　4月下旬より翌年6月まで世界一周の旅に出る。

一九〇四（〃37年）44歳　世界旅行記『大塊一塵』を政教社より出す。この年「露国は何に自らを処すべきか」など精力的にロシア問題を論ず。

一九〇五（〃38年）45歳　「哲人と哲学者の区別」を『日本人』に発表する。

一九〇六（〃39年）46歳　2月号から「原生界と副生界」（『宇宙』の元の題名）が『日本人』に連載される。12月に『日本人』を『日本及日本人』と改題し、翌年1月に創刊号を発行する。

一九〇七（〃40年）47歳　京都大学総長就任の推挙があったが辞退する。

一九〇八（〃41年）48歳　『日本及日本人』に連載された「原生界と副生界」が69回で完了する。続いて11月から「東西美術の関係」が掲載される。

一九〇九（〃42年）49歳　『宇宙』が政教社より出版される。講演「中江藤樹先生について」が帝国教育会から『六大先哲』として出される。

一九一〇（〃43年）50歳　3月、『偉人の跡』が丙午出版社から出される。9月、「西郷隆盛とガリバルヂー」を書く。政教社主催の西郷南洲33周年祭典に於いて「偉人大西郷」と題して講演を行う。

一九一一（〃44年）51歳　幸徳秋水に死刑判決が下された翌日、秋水の『基督抹殺論』に序文を寄せるが、当局に寄り掲載を禁じられる。『日本及日本人』に連載された「東西美術の関係」64回で脱稿する。7月「学術上の東洋西洋」を連載開始する。

一九一二（〃45年）52歳　5月、「ルッソー誕生二百年記念式」が『売文集』（丙午出版社）に収録される。

一九一三（大正2年）53歳　「革命祭典作家誕生二百周年」を『日本及日本人』に発表する。2月、「婦人解放の声」を『婦人之友』に発表。3月、『明治思想小史』を丙午出版社より出す。

一九一四（〃3年）54歳　『日本及日本人』連載の「学術上の東洋西洋」80回で終了する。

一九一五（〃4年）55歳
1月、「東洋教政対西洋教政」の序論「教政の意義」を『日本及日本人』に発表する。7月、『想痕』を至誠堂書店より出版する。

一九一八（〃7年）58歳
1月、朝日新聞に「東西両洋の英雄」を50回にわたり連載する。5月、『小紙庫』を耕文堂より出す。

一九一九（〃8年）59歳
この年「浩然と自由」「講和会議にて経験」など60篇を発表する。「東洋教政対西洋教政」120回に達し全編完了する。

一九二〇（〃9年）60歳
1月、「人類生活の状態」連載開始。9月、『女性日本人』を政教社より発刊し、「初刊の辞」や「婦人参政権問題」などを執筆する。この年代々木初台に転居し、雪嶺を私淑する堺利彦、丸山幹治、白柳秀湖、安成貞雄、大庭柯公らが「押しかけ会」と称して毎月集まり時事を論じた。

一九二三（〃12年）63歳
9月、関東大震災により政教社とその印刷所が灰燼に帰す。我観社を立ち上げる。

一九二五（〃14年）65歳
『我観』に連載の「人類生活の状態」115回でもって終了する。

一九二六（〃15年）66歳
1月、『我観』誌上に「同時代観」第一篇「万延元年」分が掲載される。

一九三一（昭和6年）71歳
1月、改造社版『現代日本文学全集』の第5篇に『三宅雪嶺集』が編集される。

一九三三（〃8年）73歳
「明治思想史」を岩波講座『教育科学』に執筆する。12月、「危険思想の去来」を『我観』に書く。

一九三六（〃11年）76歳
6月、『我観』を『東大陸』と改題し、創刊号に「東大陸に於ける使命」などを執筆する。『婦人之友』に「雪嶺自伝」を執筆する。

一九三七（〃12年）77歳
林銑十郎内閣の組閣に際し、文部大臣就任の交渉があったが辞退する。

一九三九（〃14年）79歳　2月、『日本及日本人』所収の評論をあつめて『英雄論』を千倉書房より出す。12月、『婦人之友』に「大学の今昔」を連載する。

一九四三（〃18年）83歳　4月、文化勲章を受ける。10月、娘婿中野正剛が東条内閣打倒の首謀者として検挙され、同月自刃する。

一九四五（〃20年）85歳　『我観』編集所及び印刷所が戦災を受ける。11月26日雪嶺死去する。

一九四六（〃21年）　『大学今昔譚』を我観社から出版する。

一九四九（〃24年）　「同時代観」を『同時代史』と改題して岩波書店から出版開始（全六巻）。

一九五〇（〃25年）　『自分を語る』を朝日新聞社が出す。

一九五二（〃27年）　『妙世界建設』が実業之世界社から出版される。

一九五四（〃29年）　『学術上の東洋西洋上巻』が実業之世界社から出版される。

一九五五（〃30年）　『人生八面観』『東西美術の関係』『学術上の東洋西洋下巻』『人類生活の状態上巻』が実業之世界社から出版される。

一九五六（〃31年）　『人類生活の状態下巻』と『東洋教政対西洋教政上・下巻』が実業之世界社より出される。

《研究文献》

井上哲次郎『明治哲学界の回顧』岩波書店、一九三二
丸山幹治「三宅雪嶺論」『日本評論』一九三七
遠山茂樹「三宅雪嶺著『同時代史第一巻』―史論史学への郷愁―」『歴史学研究』一九四九・一一
丸山真男「明治国家の思想」歴史学研究会編『日本社会の史的究明』所収、岩波書店、一九五一
丸山真男他著『日本のナショナリズム』河出書房、一九五三
大久保利謙「三宅雪嶺」向坂逸郎編『近代日本の思想家』所収、和光社、一九五四
柳田　泉『哲人三宅雪嶺先生』実業之世界社、一九五六
大久保利謙「三宅雪嶺著『同時代史』書評」『史学雑誌』一九五六
本山幸彦「明治二〇年代の政論に現われたナショナリズム」坂田吉雄編『明治前半期のナショナリズム』未来社、一九五八
船山信一『明治哲学史研究』ミネルヴァ書房、一九五九
K・レーヴィット『世界と世界史』柴田治三郎訳、岩波現代叢書、一九五九
本山幸彦『明治思想の形成』福村出版、一九六九
柳田　泉「日本の「美」というもの―三宅雪嶺の「美」の思想」『明治文学全集33・三宅雪嶺集』筑摩書房、一九六七
鹿野政直「ナショナリストたちの肖像」『日本の名著37・陸羯南・三宅雪嶺』中央公論社、一九七一
岩井忠熊『明治国家主義思想史研究』青木書店、一九七二
本山幸彦「解説」『近代日本思想大系5・三宅雪嶺集』筑摩書房、一九七五
山野博史「三宅雪嶺著作目録」『関西大学法学論集』三十六巻第一号、一九八六・四
ケネス・B・パイル『新世代の国家像―明治におけ

る欧化と国粋』松本三之介監訳・五十嵐暁郎訳、社会思想社、一九八六

中野目徹　『政教社の研究』思文閣出版、一九九三

杉原志啓　「綜合型知識人」の歴史叙述—三宅雪嶺『同時代史』と徳富蘇峰『近世日本国民史』との比較検討」『メディア史研究』ゆまに書房、一九九六

佐藤能丸　『明治ナショナリズムの研究—政教社の成立とその周辺』芙蓉書房、一九九八

長妻三佐雄　『公共性のエトス—三宅雪嶺と在野精神の近代』世界思想社、二〇〇二

中野目徹　「同時代史としての近代—三宅雪嶺『同時代史』の世界を読む」『季刊・日本思想史』67号、二〇〇五

長妻三佐雄　『三宅雪嶺の政治思想—真善美の行方』ミネルヴァ書房、二〇一二

《雪嶺自著》

『哲学涓滴』文海堂、一八八九
『真善美日本人』政教社、一八九一
『偽悪醜日本人』政教社、一八九一
『我観小景』政教社、一八九二
『王陽明』政教社、一八九三
『宇宙』政教社、一九〇九
『偉人の跡』丙午出版社、一九一〇
『明治思想小史』丙午出版社、一九一三
『想痕』至誠堂書店、一九一五
『東西英雄一夕話』政教社、一九一八
『現代日本文学全集第五篇・三宅雪嶺集』改造社、一九三一（『我観小景』『宇宙』『真善美日本人』『偽悪醜日本人』「西郷隆盛とガルバルヂー」『東西英雄一夕話』など収録）
吉野作造編『明治文化全集』「思想篇」「社会篇」日本評論社、一九二九
『英雄論』千倉書房、一九三九
『大学今昔譚』我観社、一九四六
『同時代史』全六巻、岩波書店、一九四九〜一九五四
『自分を語る』朝日新聞社、一九五〇
『妙世界建設』実業之世界社、一九五二
『人生八面観』実業之世界社、一九五五
『東西美術の関係』実業之世界社、一九五五
『学術上の東洋西洋上巻／下巻』実業之世界社、一九五四／一九五五
『人類生活の状態上巻／下巻』実業之世界社、一九五五／一九五六
『東洋教政対西洋教政上巻／下巻』実業之世界社、一九五六
『明治文学全集33・三宅雪嶺集』筑摩書房、一九六七（『宇宙』『哲学涓滴』『王陽明』『想痕（抄録）』など収録）
『近代日本思想大系5・三宅雪嶺集』筑摩書房、一九七五（『我観小景』『人生の両極』『明治思想小史』丸山幹治『三宅雪嶺論』など収録）
『日本の名著37・陸羯南・三宅雪嶺』中央公論社、一九八四（『真善美日本人』『偽悪醜日本人』『西郷隆盛とガリバルヂー』など収録）

あとがき

私は大塩平八郎の思想を研究するなかで、維新以後の陽明学の系譜をたどってみた。その時にまっさきに出会ったのが三宅雪嶺と石崎東国であった。そのなかで雪嶺思想が王陽明に発し、大塩平八郎において人間存在が太虚＝宇宙と有機的に一体化するものと云う、わが国の近世末に至る思想史のなかでもきわめて稀な、壮大な思想的統一観を以て構築された哲学を発見することで、太虚の心としての良知を自らの認識論としたところであった。

雪嶺のこのような思想形成を『哲学涓滴』に始まる彼の哲学的著作に見いだすなかで「大塩思想の継承者・三宅雪嶺」（『大塩平八郎と陽明学』所収、和泉書院、二〇〇八）においてすでに明らかにしたところである。

雪嶺研究がいまだもって低迷している原因は、雪嶺思想がこのような儒教的な岩盤の上に形成されていることが見落とされ、もっぱら彼のとる国粋保存主義に近代的な概念や価値観から接近するところに、思想的本質が見失われてきたきらいがある。

加えて雪嶺は一九世紀西欧哲学を象徴するヘーゲル哲学体系をモデルとして、自らの東洋哲学体系を構想した。ところがこれまでは雪嶺思想の『宇宙』に見られた有機体論から、彼が学んだスペンサーの有機体説の影響と即断され、大塩思想の太虚に発するヘーゲル的な有機体観が見失われていた。このように雪嶺の有機体論もヘーゲルの『精神現象学』を媒介として再確認される必要があろう。

とりわけ雪嶺が明治三九年から『日本及日本人』誌上などに書き始めた「原生界と副生界」(『宇宙』と改題)に始まる一連の著作こそ、実にヘーゲル哲学体系に対応するマルクス主義や実存主義と比肩すべき第三の道としての東洋的哲学体系の存在性を主張するものであった。ちなみにマルクーゼも、

人間の本質を実現しようとするものは、誰であり、また何であろうか。誰が哲学を現実化しようとするのであろうか。ヘーゲル以降の哲学のさまざまな傾向は、これらの問に対する解答のちがいによって説明しつくされる。ここで、二つの一般的な型が区別されるであろう。その第一はフォイエルバッハとキルケゴールによって代表されるもので、孤立した個人をとらえている。その第二は、マルクスによって代表されるもので、社会的労働の過程における個人の起源を洞察し、その過程がいかにして人間の解放の基盤であるかを示している。(前出『理性と革命』293頁)

それに対して雪嶺は人間を歴史的に分析することで、人間存在における良知の可能性を問う第三の道を追究しようとした。残念ながらこのような雪嶺哲学の意図もこれまで完全に見失われてきたが、本書はこのような雪嶺思想像をその東洋的思想としての大塩思想から解読することで、彼が目指した

東西文明の統合化を解明するものである。

もとより雪嶺も時代の子であり、アジアの盟主としての日本主義は一五年戦争のなかで、その内実を問われた。幕末・明治・大正そして昭和前半の世界からの孤立化を歩む暗澹たる時代状況のなかで、雪嶺は悪戦苦闘していた。

私たちは雪嶺の思想的経験に学ぶためにも、時流にとらわれて自らの座標軸を見失うことなく、公正無私の立場を堅持する気概を持ちたいものである。時代は再び大きく揺らぎ、言葉がいっそう浮遊し始めている。

平成二七年盛夏

耆翁野人しるす。

索　引

〈あ行〉

『亜細亜』　22
足尾鉱毒事件　135,147
足利尊氏　111,112
有賀長雄　8

飯島魁　77
家永三郎　9,10
石崎東国　139,173
為政の掌　37,97,138
板垣退助　94,113,114
伊藤仁斎　38
井上哲次郎　8,139,158,163
岩井忠熊　1

内村鑑三　92,93,131,133
宇宙　33〜35, 47〜49, 53〜55, 58〜60, 66, 73,79,141,142,160,162,173
宇宙哲学　1,2,164

英雄論　84,106,107,113,116
演繹的論理　45

王道　76,84,90,137
王陽明　34,35,37,38,40,41,97,173
大久保利謙　2
大阪陽明学会　139
大塩平八郎(大塩後素)　30,38,39,41, 42,47,49,52,59,96,97,105, 137, 147, 150, 162, 163, 173
大塩陽明学　21,33,59,84,136,160,162
大西祝　47

〈か行〉

春日潜庵　41,42
ガリバルヂー　107,112
河波有道　3
カント　7,38,39,51,54
官僚内閣　156

木内宗吾　147
菊池大麓　4

陸羯南　23
久米邦武　8
黒川良安　3,4
クロムウェル　111,112
訓詁注釈　38,40
君主専治　13,14,24,26

兼好法師　39,40,51

公正無私　37,59, 83,108,133,134,137,162,175

浩然の気　36, 37, 94, 144, 145
幸徳秋水　98, 105, 135, 136, 139
孔孟　40, 41
古賀侗庵　3
国粋保存主義　9, 14, 16, 17, 21, 30, 79, 118, 152, 173
国民主義　30, 153, 160
国民主導　7, 11
コスモス　161, 162
国家主義　17, 25, 29, 100
国権主義　114, 118
近衛内閣　116, 117
コブデン　153

〈さ行〉

西園寺公望　102
西郷隆盛(南洲)　4, 41, 42, 95, 106〜115, 117, 119, 120
堺利彦　134, 135, 163
坂本竜馬　91, 113
向坂逸郎　2
佐久間象山　3
薩長政権　25, 89, 92, 93, 145
薩摩戦争　4

志賀重昂　11
始皇帝　90
自然観　65, 66
自然哲学　60, 63〜67, 76, 161
島田重礼　7
社会主義　86, 95〜100, 105, 134〜137
社会進化論　35, 51
社会政策　97
一五年戦争　87, 89, 103, 139, 151〜153, 175
自由主義(観)　93〜97, 99, 100, 105
自由民権運動　1, 11, 22, 113, 118
儒教思想　6, 39, 40, 84, 94, 136
ショウペンハウエル　38, 52, 66
私利私欲　162
心意　47, 49, 59, 73, 160
辛亥革命　128, 129
仁政　15
真善美　1, 17, 21, 34, 58, 76, 87, 163
清朝(政権)　32, 41, 112, 122, 123

杉浦重剛　11
スペンサー　1, 2, 33〜35, 51, 52, 66, 174

征韓論　113, 114, 119, 121
政教社　11, 12, 14, 22, 25, 51, 85, 106, 107, 111, 150
聖人　41, 84, 93, 108
精神科学　57, 68, 69
政党内閣　156
絶対精神　34, 35, 66, 76, 79, 83, 84, 87, 162
雪嶺哲学　34, 35, 40, 42, 43, 50〜53, 76, 84, 139, 158, 159, 162, 163, 174

相対主義的文明観　16
ソクラテス　37, 38
孫文　128

〈た行〉

『大学(古本大学)』　85,89,110
大逆事件　98,105,135,139
太虚　42,47,
49,52,59,160,162,173,174
大東亜共栄圏思想　103
大東亜戦争　116
大日本帝国憲法(帝国憲法)
12,13,23〜25,27
高島炭鉱問題　14,15
武田耕雲斎　6
田中正造　135,147
樽井藤吉　97

チェンバレン　8
知情意　58
『中庸』　162

津田左右吉　9

デカルト　48,142
天地万物一体之仁　59

東京大学　1,4,5,7,
8,11,15,50,92,134,146,158
『同時代史』
2,6,51,83,84,86,87,89,
92,93,95,99,102,104,116,
117,126,129,131,132,145,
146,151,152,157,160,163
東洋社会党　96,97
東洋哲学　2,35,38,40,42,52,173
徳富蘇峰　30,31,
33,86〜88,131,133,153,160
外山正一　4,7,8,50

〈な行〉

中江兆民　27,139
中江藤樹　38,41
長妻三佐雄　34,129
中野正剛　152
中野目徹　51
中村正直　7
ナショナリズム
9,14,16,25,118,129,131
ナポレオン　112

日露戦争　31,98,99,127,143,153
日清戦争　98,127,133,143,151,153
『日本』　23
『日本及日本人』
23,60,116,128,140,174
日本主義　1,9,29,144,160,175
『日本人』　12,22,23,31,53,99,134
日本仏教史　8,9

〈は行〉

橋本左内　94,113
原坦山　7
ハルトマン　38
万象渾一観(渾一観)
1,53,54,57〜59,160
藩閥内閣　156

東アジア観　118,131,155
非戦論　98
ヒューム　7

フェノロサ 7,50
福沢諭吉 107,115
藤田東湖 113
船山信一 51,66,85,163
フロイト 48

『平民新聞』 98
ヘーゲル 7,34,35,38,41～43,46,50～54, 58～60, 63～67,69,70,73,74,76,78～80,82～84, 87, 104, 162, 163, 173, 174

〈ま行〉

松平容堂 91
丸山幹治 158
満州事変 129～131

三木清 52
三宅立軒 3
ミル 94,95
民権主義 114

夢幻 46～48
矛盾論 51
村田蔵六 3

孟子(孟軻) 47,76,94,96,144,145
毛利敏彦 114
本山幸彦 33,35,158,159

〈や行〉

矢田部良吉 4
柳田泉 1,2, 34, 35, 86, 87, 132, 151, 163
山川健次郎 4

有機体論(説) 33,50～52,55,174

陽明学 1,2,30,35,38～42,59, 84, 97, 108, 137, 162, 173

〈ら行〉

頼山陽 3
頼三樹三郎 3

李鴻章 127
理想主義 1,114
立憲君主制 13,14,24,27
良知 1,21,35,38,39,41,42,52, 59, 84, 87, 104, 117, 131,136, 152, 160, 162, 173, 174
リンカーン 112

レーヴィット 161,162
歴史哲学 17,83,84,104,152

老子 46,51

〈わ行〉

ワシントン 112

＊略年譜は省く

著者略歴

森田　康夫（もりた　やすお）

1930年　大阪市生まれ
立命館大学大学院日本史研究科修士課程修了・文学博士
樟蔭東女子短期大学名誉教授
主な著書
『地に這いて―都市福祉行政の先駆者・志賀志那人』（大阪都市協会、1987年）
『大塩平八郎の時代―洗心洞門人の軌跡』（校倉書房、1993年）
『浪華異聞・大潮餘談』（和泉書院、1996年）
『福沢諭吉と大坂』（和泉書院、1996年）
『賤視の歴史的形成』（解放出版社、1998年）
『河内―社会･文化･医療』（和泉書院、2001年）
『都市福祉のパイオニア　志賀志那人　思想と実践』（共著、和泉書院、2006年）
『大塩平八郎と陽明学』（和泉書院、2008年）
『大塩思想の可能性』（和泉書院、2011年）
『大塩思想の射程』（和泉書院、2014年）

評伝　三宅雪嶺の思想像　　**和泉選書 181**

2015年9月10日　初版第一刷発行

著　者　森 田 康 夫

発行者　廣 橋 研 三

発行所　和 泉 書 院

〒543-0037　大阪市天王寺区上之宮町7-6
電話06-6771-1467／振替00970-8-15043
印刷・製本　亜細亜印刷
装訂　井上二三夫

ISBN978-4-7576-0760-6　C1310　定価はカバーに表示